Steps to Self-Determination-2nd ed.

자기결정성 증진 프로그램

2012년 교육종합연구원 연구소 지원금에 의하여 연구되었음.

Steps to Self-Determination-2nd ed.

자기결정성 증진 프로그램

Alan Hoffman · Sharon Field 공저

김동일 역

학지사

Steps to Self-Determination 2E
A Curriculum to Help Adolescents Learn to Achieve Their Goals, Instructor's Guide
by Alan Hoffman & Sharon Field

역자 서문

모든 사람은 기본적으로 자신의 심리적인 측면뿐만 아니라 자신이 속해 있는 사회의 다른 사람들이나 집단을 지향하는 성향을 지니고 있다. 이러한 자연스러운 모습은 개인 내적인 자율성(autonomy)과 집단과 자신의 통합을 향하는 조화(harmony)의 상호보완을 통하여 구현된다. 자기결정성은 개인의 의지가 발휘되는 과정으로서, 자신의 강점과 한계점을 수용하고, 외부의 영향력을 인식하며, 자신의 선택과 욕구를 충족하는 방식을 결정하는 것이다. 그러므로 자기결정적이 되기 위해서는 무엇보다도 환경을 받아들이고 어떤 행동을 할 것인가 결정하기 위하여 자기조절을 위한 자율성이 확보되어야 한다. 자기결정성 이론의 선구자인 Deci와 Ryan도 유능성, 자율성, 관계성을 기본적인 욕구로 인정하고 이러한 욕구가 학습과 성장을 위한 자연적인 동기를 제공한다고 보았다.

이러한 맥락에서 자기결정성 연구와 교육 실제는 일반학생뿐만 아니라 자신의 강점과 한계를 수용해야 하는 장애학생에게 매우 의미가 있으며, 다양한 교육상황에서 다루어져야 할 것이다. 본 자기결정성 증진 프로그램은 Field와 Hoffman(1994)의 자기결정성 모형을 바탕으로 설계되었고, 저자들의 8년 동안의 경험을 반영하여 모형 구성요소를 재정리하였다. 본 모형에는 나 자신과 주변 환경 알기, 자신의 가치 알기, 계획하기, 실행하기, 그리고 성과 경험과 학습의 다섯 가지 주요 구성요소가 있다. 이 구성요소들은 자기결정성을 구성하고 증진하는 본 교육과정의 핵심이다. 각 활동은 1개 이상의 구성요소와 관련되어 있다.

앞에서 언급한 것과 같이 자기결정을 반영한 행동은 자기결정성을 증진시킨다. 그러므로 학생들이 본 과정을 교수환경 밖에서도 지속적으로 실천하도록 격려해야 한다. 학생들이 자기결정적이 되는 경험을 가지도록 돕는 것은 본 교육과정의 궁극적인 목적을 달성하는 방법이다.

본 프로그램은 지식경제부 지원으로 수행되는 QoLT(Quality of Life Technology) 센터 연구사업 중 장애학생과 비장애학생을 위한 통합 예비대학 캠프 과제 수행의 성과다. 표준적 자기결정성 증진 프로그램 서적을 찾던 중에 2010년 Council for Exceptional Children 연차학술대회에 참석하였다가 이 책을 소개 받았다.

본 프로그램 워크북이 나오기까지 직접적으로 혹은 간접적으로 자신의 희생을 감내하며 도와준 많은 이들에게 진심으로 사의를 표한다. 먼저 이 책을 같이 읽고 그 의미를 이해하며 토론에 참여해 준 서울대학교 대학원 특수교육 전공생들에게 깊은 고마움의 말을 전하고자 한다. 또한 정리하는 데 수고를 마다하지 않은 QoLT Education/Humanware Center 연구원들과 책으로 출판하기 위하여 애써 주신 학지사 김진환 사장님과 관계자들의 정성과 끊임없는 노력에 감사드린다.

관악산 연구실에서

김동일

저자 서문

자기결정성 증진 프로그램이 처음 출판된 1996년 이후로 일반교사와 특수교사들이 본 프로그램을 활용해 왔다. 이번 2판은 1판의 내용을 유지하면서 8년 동안 교사와 가족들이 제시한 활동과 조언을 담아서 출판되었다. "자신을 알고 자신의 가치를 이해하는 기본적인 목표를 명료하게 정의하고 성취하는 능력"(Field & Hoffman, 1994, p. 164)으로서의 자기결정성은 학교, 직업생활, 지역사회에서 성공적으로 지내기 위하여 필수적인 것이다. 학교 교육에서 자신이 주도적으로 계획하고, 의사결정을 하며, 과업을 수행하는 학생이 그렇지 않은 학생에 비하여 훨씬 더 성공적이라는 증거는 상당히 축적되어 있다(Benz, Lindstrom, & Yobanoff, 2000; Wehmeyer, 1992). 더 나아가 성인에게 기대되는 역할로는 자주적이며 자기주도적인 측면을 강조하고 있다. 자기결정성을 증진하는 기술과 지식은 지역사회에서 성공적으로 적응하는 장애학생들에게 가장 중요한 생활 기능이다. 선행연구에 따르면, 고등학교 졸업 시에 자기결정성 검사 점수가 높은 장애학생이 낮은 장애학생에 비하여 성인기 전환 후 1년에서 3년까지의 성과(예를 들면, 직업유지, 독립적 생활)가 높은 것으로 밝혀졌다(Wehmeyer & Palmer, 2003; Wehmeyer & Schwartz, 1997).

자기결정성 수준은 개인과 환경 특성을 포함하여 다양한 요인에 의하여 영향을 받는다. 본 프로그램은 자기결정성을 증진하려는 개인의 기능 발달을 촉진하는 데 목적이 있다. 즉, 환경의 중요성을 부정하는 것이 아니라 자신이 통제할 수 있는 개인 내적 측면 변화에 초점을 맞추고 있다. 본 프로그램은 자기결정성에 다양하게 작용하는 환경 안에서, 학생이 자신의 목표를 달성하는 능력을 증진하는 기술과 지식을 습득하도록 돕고 있다.

본 프로그램은 16회기 프로그램 안내와 자세한 지침, 그리고 수업자료들을 포함하고 있다. 파일럿 연구를 통하여 우리는 두 가지 성공요인(전체 프로그램의 범위와 순서에 대한 강사의 지식 및 숙달도, 프로그램 실시 과정에서의 분위기)을 확인하였다. 이러한 성공 요소에 대하여 서론에서 잘 밝히고 있다.

본 프로그램은 원래 지침서와 지침서를 전자문서로 저장한 CD-ROM으로 이루어져 있다(번역서에는 CD-ROM이 포함되지 않음). 부록 1은 학생들에게 제시하는 문서를 모아 놓은 것이고, 부록 2의 자기결정성지식척도(A, B 유형)는 프로그램 실시 전, 실시 후의 검사로 활용할 수 있다. 이 척도는 프로그램에서 배운 자기결정성 지식을 측정하기 위한 구조화된 문항으로 이루어져 있다. 이 척도의 내적합치도는 .85이며, 내용타당도는 검사 구조에 대한 확인과 다양한 관련 학계, 기관, 장애인 당사자들을 포함한 전국적인 전문가들에게 평정을 통하여 확보하였다. (표준화된 다른 평정척도인 "자기결정성 검사: Self-Determination Assessment Battery"의 내용과 구성에 대한 문의는 Wayne State University, Dr. Sharon Field 혹은 Dr. Alan Hoffman, 313-577-1638)

차례

Introduction

서론

개관

자기결정성 증진 프로그램(Steps to Self-Determination)은 장애 및 비장애 청소년의 자기결정성을 향상시키기 위한 교육과정이다. 자기결정성이 높은 사람은 자신이 원하는 것이 무엇인지 잘 알고 결정을 내리며, 스스로를 가치 있게 여기고 목표 달성을 위해 계획하고 행동한다. 개인의 삶에 영향을 미치는 것에는 여러 가지 요인들이(예 타인행동, 환경조건) 있으므로 이 세상에 완벽하게 자기결정적인 사람은 아무도 없다. 그러나 자기결정적인 사람은 본인의 삶을 능동적으로 이끌어간다. 자기결정적인 사람은 원하는 것을 성취하기 위해 행동을 시작하고, 목표와 부합하는 방향으로 여러 사건에 대응하는 책임을 스스로 진다. 자기결정성 증진 프로그램은 1996년에 초판이 발간되면서 일반교육, 진로준비 교육, 특수학급, 상담집단, 학습멘토링, 1:1 코칭 및 상담 등 다양한 환경에서 활용하였다. 또한 본 교육과정은 가족지원을 위해서도 활용되어 왔다.

본 교육과정에서 교사, 서비스 지원 담당자, 상담자 및 가족의 역할은 학생들이 개성을 갖도록 하고 목표를 달성하는 데 도움이 될 기술, 지식, 경험의 기회를 제공하는 것이다. 개인의 특성을 표현하는 능력은 일생 동안 발달시켜야 하는 것이므로 교사들도 자기결정과정에서 학생과 함께 배우는 것이 좋다. 교사가 동료학습자로서의 역할을 확실히 할 때 학생들에게 자기결정을 향한 강한 욕구를 가진 롤모델이 되어 줄 수 있다. 게다가 동료학습자 역할은 자기결정에 결정적 요소인 자기존중을 도모하는 협력적 교수 환경을 촉구할 수 있다.

각 과정에서 학습자의 역할은 핵심적이다. 자기결정 기술은 다른 사람이나 학교에 의해 습득되는 것이 아니라 학습자 본인이 익혀야 한다. 그러므로 본 교육과정은 참여자들이 자기결정성을 증진하는 데 도움이 될 기술, 지식, 경험을 발달시키도록 돕는다. 자기결정을 반영하는 행동이 자기결정성을 촉구하기 때문에 본 교육과정은 경험에 바탕을 두고 있다. 학생들은 더 자기결정적인 사람이 되는 경험을 하게 될 것이다. 자기인식과 자기존중을 증진시킬 수 있는 경험을 해 보고, 목표 성취를 위한 노력을 하는 기술을 구체적으로 지도받는다.

본 교육과정은 청소년을 위해 개발된 프로그램이다. 그러나 성인 서비스나 가족 지원 환경에서도 활용되어 왔다. 교육과정은 55분의 오리엔테이션 활동, 6시간의 워크숍 활동, 55분씩 16회기의 주제별 수업으로 운영된다. 워크숍은 다섯 부분으로 나누어 5회기의 독립된 수업으로 약 55분씩 진행할 수 있다. 본 개정판은 각 수업의 기초 지도를 위한 보충 활동도 포함하고 있다. 본 교육과정은 정기 수업의 부분이나 방과 후 활동, 상담집단 및 재량활동 형태로 운영될 수 있다. 운영에 관한 선택사항은 본 서문의 마지막에 언급할 것이다.

본 교육과정에 참여할 학생들이 준비해야 할 것은 오직 '학습하고자 하는 소망' 뿐이다. 자기결정성 증진 프로그램은 장애학생을 포함한 특수한 학습자의 요구에 맞추어 조정할 수 있도록 설계되었다. 본 교육과정은 모든 사람을 포함하고자 하는 가치를 바탕으로 개발되었기 때문에, 어느 누구도 장애나 한계 때문에 배제되어선 안 된다. 다만 학습자를 위한 조정과정에 창의력이 발휘되어야 한다. 참여자의 개별성은 집단의 각 구성원들이 특별한 기여를 함에 있어 존중받아야 한다. 강점과 약점을 포함한 모든 사람에 대한 수용과 가치는 이 교육과정의 핵심이다.

멘토로서의 가족과 친한 친구의 역할은 이 교육과정에서 중요하게 고려해야 할 사항이다. 가족과 친구의 자기결정성 지원은 매우 중요하다. 본 교육과정을 구성하기 위한 자기결정성 관련 연구를 수행할 때 우리는 장애 및 비장애 성인을 면담했다. 면담 참여자들은 가족의 중요성에 대해 반복하여 강조했다. 이 이

슈는 위험을 감수하고 있고 또한 가족 구성원과의 경계를 세울 필요가 있는 학습자의 관점으로서 지원과 믿음을 제공함에 있어 가족 구성원의 중요한 역할과 관련하여 나타났다. 본 교육과정에는 학생들이 가족과 친구를 자신의 자기결정성 증진 노력에 참여시키는 몇몇 활동도 포함되었다. 또 이러한 지인들이 타인으로 하여금 스스로의 삶에 주 통제력을 가지도록 하는 데 어떻게 효과적으로 지원할 수 있는지 이해하도록 하는 활동도 있다.

본 자기결정성 증진 프로그램은 Field와 Hoffman(1994)의 자기결정성 모델을

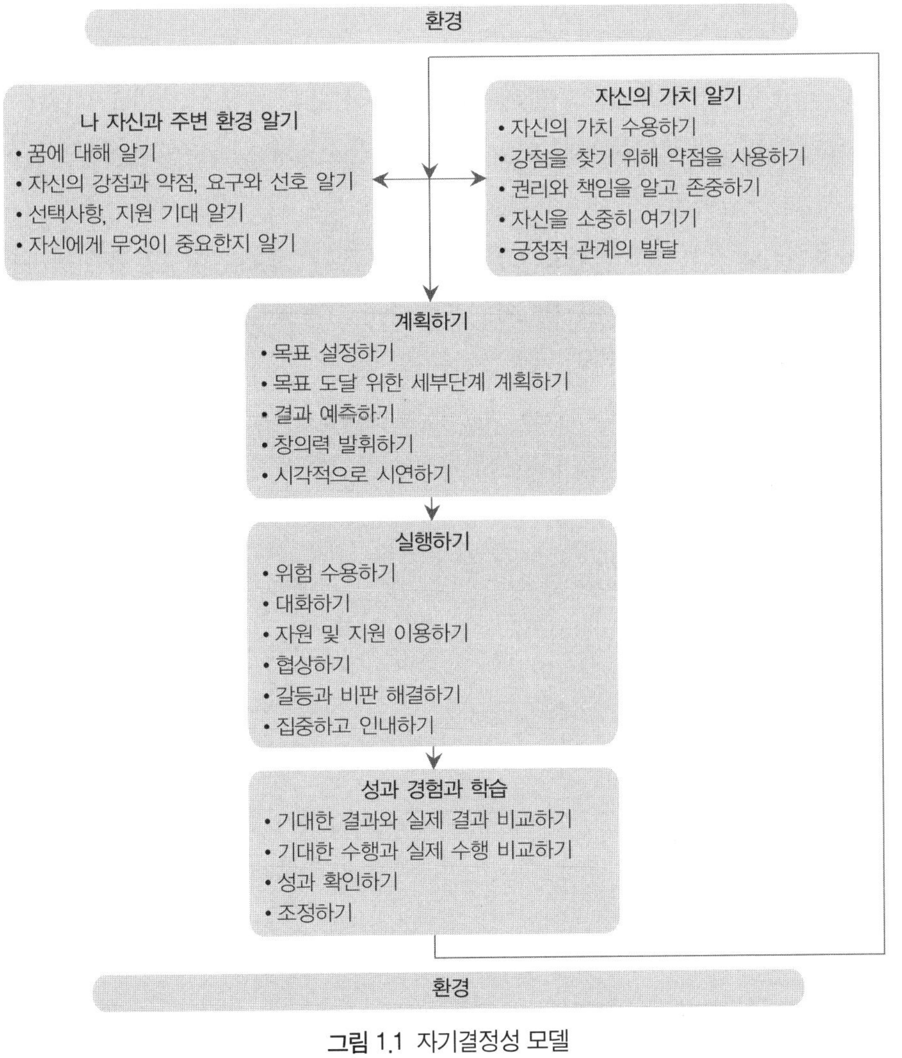

그림 1.1 자기결정성 모델

출처: Field, S., & Hoffman, A. (1994). *Career Development for Exceptional Individuals, 17*(2), 165.

바탕으로 설계하고 저자들의 8년 동안의 경험을 반영하여 모델의 구성요소를 재정리하였다. 본 모델에는 나 자신과 주변 환경 알기, 나의 가치 알기, 계획하기, 실행하기, 그리고 성과 경험과 학습 등의 다섯 가지 주요 구성요소가 있다. 이 구성요소들은 자기결정성을 구성하고 증진하는 본 교육과정의 핵심이다. 각 활동은 하나 이상의 구성요소와 관련되어 있다. 앞에서 언급한 것과 같이, 자기결정을 반영한 행동은 자기결정성을 증진시킨다. 그러므로 학생들이 교수환경을 넘어서 지속적으로 본 과정을 실천하도록 격려해야 한다. 학생들이 자기결정성을 갖는 경험을 가지도록 하는 것은 본 교육과정의 궁극적인 목적을 달성하는 방법이다.

본 교육과정은 55분의 오리엔테이션 활동, 6시간의 실습 활동(각 1시간씩 5개로 나뉠 수 있는), 각 55분의 주제별 활동 16개 등으로 이루어져 있다. 각 활동이 주제별로 초점이 맞추어져 있지만 몇몇 구성요소는 전 교육과정에서 통합되므로 각 주제들을 독립적 단위로 이해해서는 안 된다. 예를 들어, 한 회기는 자기인식 발달에 초점을 맞추었지만 자기인식 증진은 평생의 과정이지 한 회기에서 독립적으로 다뤄질 것이 아니다. 그러므로 해당 회기에서 자기인식에 대한 강조가 있을 순 있지만 해당 주제는 다른 회기에서도 나타날 것이다. 자기결정성 증진 프로그램 교육과정의 내용은 다음과 같다.

- 오리엔테이션: 자기결정성이란 무엇인가?(교육과정 개관, 실습 계획)
- 실습(서로 알아가기, 자기결정 과정 개관, 자기인식 및 수용)
- 회기 1: 가능성을 여는 꿈꾸기
- 회기 2: 나에게 중요한 것은 무엇인가?
- 회기 3: 장기목표를 위한 선택 만들기
- 회기 4: 목표 세우기
- 회기 5: 단기목표 선택하기
- 회기 6: 단기목표 달성을 위한 단계 계획하기
- 회기 7: 단계별 활동 계획하기
- 회기 8: 첫 단계 시작하기

- 회기 9: 장애를 창의적으로 극복하기
- 회기 10: 친구에게서 얻은 작은 도움
- 회기 11: 자기결정으로의 여정
- 회기 12: 자기주장적 의사소통 1
- 회기 13: 자기주장적 의사소통 2
- 회기 14: 타협
- 회기 15: 갈등 해결
- 회기 16: 이제 어디로 향할 것인가

위에 설명한 교수 활동 외에 학생들은 자기결정의 단계를 적용하고 수업 외의 환경에서도 목표를 향해 노력하게 될 것이다. 또한 한 수업의 마지막 부분에 야외 활동을 계획하는 기회를 갖고 다음 수업을 시작할 때 그 경험을 공유할 것이다.

교육과정 구성요소

자기결정성 증진 프로그램은 본 교육과정을 시도하는 데 필요한 모든 자료를 포함하고 있다. 본 매뉴얼에는 각 수업(lessons), 부록, 자기결정성 척도가 포함되어 있다.

자기결정성 증진 프로그램은 각 회기에 대한 세부 지도안을 제공한다. 각 회기에는 (a) 학습목표, (b) 준비, (c) 학습자료 및 교구, (d) 개관, (e) 내용, (f) 지도상의 유의점 및 기타 활동, 그리고 (g) 학습자료를 포함한 부록이 있다. 각 주 활동에 대한 대략적 시간이 지침으로 주어진다. 일부 수업은 복사하여 사용할 수 있는 보충 자료가 제시되어 있다. 이는 학습자료에는 없는 것이다.

각 수업 지도안에 제시되는 지도상 유의점 및 기타 활동은 해당 수업에서 다루는 개념 지도를 향상하기 위해 사용가능하다. 교사들은 교육과정을 운영하면서 이 기타 활동과 적용안 대부분을 개발할 수 있다. 자기결정성 증진 프로그램은 여러 환경에서 다양한 학생들에게 사용되어 왔기 때문에, 제안된 활동들이 자신의 학생에게 적절한지 평가할 필요가 있다.

본 교육과정은 복사하여 사용할 수 있는 학습자료를 제공한다. 교사는 이 학습자료를 파워포인트 슬라이드를 통해 제시할 수도 있고 직접 종이에 인쇄할 수도 있다. 이들은 부록 A에 제공된다.

자기결정성척도(Steps to Self-Determination Knowledge Scale)는 자기결정 개념에 관한 학생들의 지식을 측정하는 편리한 도구다. 부록B에는 사전검사를 위한 A검사, 사후검사를 위한 B검사와 두 검사의 답이 실려 있다.

교사와 학생, 가족은 자기결정성 증진 프로그램 비디오를 통해 본 교육과정을 숙지할 수도 있다. 이 비디오에서는 고등학교 학생들이 자기결정 개념을 제시하며 프로그램의 목표를 설명한다. 비디오를 보여 주는 것은 본 교육과정을 소개하는 탁월한 방법이다.

교육과정 활용

본 교육과정은 다양한 방법으로 활용할 수 있다. 주로 다음과 같이 적용할 수 있다.

교실 환경

자기결정성 증진 프로그램은 중 · 고등학교의 일반학급(예 언어, 사회, 작문, 고1 오리엔테이션, 학습기술, 대안교육, 청소년 부모(teen parenting), 상담실, 신입생 교실(freshman academies), 진로준비와 특수교육(예 자료실, 자기중심수업(self-contained academics), 생활기술, 진로탐색, 1:1 코칭) 등의 다양한 교실환경에서 사용되어 왔다. 자기결정 기술은 많은 내용 영역의 성공을 위해 모든 학생들에게 중요하기 때문에 다양한 교과와 환경에 적용될 수 있다.

특히 자기결정 수업은 교사들이 자기결정 교육과정에서 강조된 수업 내용이나 기술이 중복되도록 적용할 때 가장 성공적이다. 예로 Clover Park School District(Tacoma, Wahington)에서 관련자들은 자기결정성 증진 교육과정을 적용한 최상의 수업을 위해 교육과정 맵핑(mapping) 활동을 했다. 구에서 승인한 언어교과의 범위와 계열을 검토하고 이것을 자기결정의 목표와 비교했을 때, 대상 기술에서 상당한 유사점을 발견하였다. 예를 들어, 자기주장적 경청기술과 자기주장적 의사소통기술이 언어교과의 범위와 계열, 그리고 단계교육과정에서 다루어졌다. 이외에도 다른 중복 내용들이 많이 발견되었으며 국어교과가 가장 적절한 적용환경으로 결정되었다.

상담과 지원 서비스

몇몇 학교와 재활 상담가들은 본 교육과정을 집단에서 또는 개별 지도와 상담의 도구로 사용해 왔다. 학교 상담가, 심리학자, 사회복지사들은 본 교육과정을 이러한 구체적 기술이 필요하거나 개별학생에 대한 1:1 접근이 필요한 학급담임교사나 특별 집단과 함께 사용해 왔다. 한 성인교육 서비스 대행사는 본 교육과정을 하나의 주 단위 직무 단체모임에 활용하였다.

본 『자기결정성 증진 프로그램–개정판』은 활동별로 ASCA(American School Counselor Association) 국가 기준을 참조하였다. 학업 개발, 경력 개발, 개인 · 사회적 개발의 세 차원의 9개 표준이 학생들을 위한 내용 표준이고 이는 수학과 과학 교과의 주(state) 수준 교육과정과 유사하다(Bowers & Harch, 2002). 이 표준은 학생들이 교육체계 안에서 알아야 할 것과 할 수 있는 것들을 설명한다. 학교 상담사는 학생들의 높은 잠재력을 개발하기 위해 이 표준을 사용한다.

그림 1.2는 이 기준과 역량(competency), ASCA 국가 기준의 지표, 자기결정성 증진 프로그램 회기 목표와의 상관관계 표다. 이러한 비교는 학생들을 위한 포괄적이고 발전적인 상담 프로그램을 계획하는 데 유용할 것이다. ASCA 국가 기준 전문 참조를 위해서는 ASCA National Model 웹사이트를 방문하도록 한다(http://www.school.counselor.org).

ASCA 기준		자기결정성 증진 프로그램 회기																	
		O	W	1	2	3	4	5	6	7	8	9	10	11	12	13	14	15	16
학업 발달 영역																			
기준 A. 학생들은 학교와 생애주기를 통해서 효과적 학습에 기여할 태도, 지식, 기술을 습득한다.																			
능력 A1. 학업 자아개념 향상하기																			
A:A1.1	학습자로서의 자신감과 효능감 확인																		●
A:A1.2	학습에 대한 긍정적 흥미 표현	●	●																
A:A1.3	작업과 성취에서 자부심 습득											●	●		●	●	●	●	
A:A1.4	실수를 학습과정에서 필수적인 것으로 수용		●									●	●	●	●	●	●	●	
A:A1.5	성공적인 학습을 위한 태도와 행동 확인		●									●	●	●	●	●	●	●	
능력 A2. 학습 향상을 위한 기술 습득																			
A:A2.2	노력과 지속성의 학습에 대한 긍정적 영향 설명	교육과정을 마친 후 다뤄짐																	
A:A2.3	도움 요청 시 의사소통 기술 사용			●											●	●			
능력 A3. 학교에서의 성공 성취																			
A:A3.1	자신 행동에 대한 책임		●									●	●	●	●	●	●	●	
A:A3.2	단독작업 및 협동작업 능력 표현					●		●											
A:A3.3	다양한 흥미와 능력 개발	●	●																
A:A3.4	신뢰성, 생산성 및 독창성 표현											●	●	●	●	●	●	●	
A:A3.5	지식 공유								●	●			●						
기준 B. 학생들은 대학을 포함한 광범위한 잠재적 중등교육들을 선택하는 데 필요한 준비를 갖추고 학교를 졸업한다.																			
능력 B1. 학습 향상																			
A:B1.1	개인 잠재력을 성취할 동기 표현	교육과정을 마친 후 다뤄짐																	
A:B1.2	창의력 기술의 학습과 적용						●	●			●								
A:B1.3	각 단계별 학업성공에 필요한 학습기술 적용							●											
A:B1.4	교사, 도우미, 가족 및 또래로부터 정보와 지원 탐색	●	●				●		●										
A:B1.7	자기 조절적이고 독립적인 학습자 되기	교육과정을 마친 후 다뤄짐																	
능력 B2. 목표 성취 계획																			
A:B2.1	초 · 중 · 고등학교에서 도전적 학습목표 설정	●	●																
A:B3.2	학습계획의 평가결과 사용						●	●											
A:B2.4	목표설정을 위한 태도와 흥미 지식 적용			●															
A:B2.5	교육목표에 대한 진보 평가를 위한 문제해결 · 의사결정 기술 사용							●	●										
A:B2.6	교실 내 수행과 학교에서의 성공 관계 이해				●														●
기준 C. 학생들은 직업세계와 가정, 지역사회에서의 학업의 관계를 이해한다.																			
능력 C1. 학습과 삶의 경험 관계																			
A:C1.3	학습과 일의 관계 이해													●					●
A:C1.4	삶의 목표를 찾고, 얻고, 유지하는 데 핵심적인 평생학습의 가치 이해 표현			●															●
A:C1.5	학교에서의 성공이 학생에서 지역사회 구성원이 되는 전환의 준비임을 이해													●					
A:C1.6	어떻게 학교성공 및 학업성취가 미래 경력과 직업 기회를 향상하는지 이해													●					

진로 발달 영역																			
기준 A. 학생들은 자기 이해와 합리적인 진로 결정과 관련하여 직업 세계를 탐색하는 기술을 습득한다.																			
능력 A:1 진로 인식 발달																			
C:A1.1	진로 정보를 찾고, 평가하고 해석하는 기술 발달									●									
C:A1.2	다양한 전통적·비전통적 직업 학습													●					
C:A1.3	개인 능력, 기술, 흥미 및 동기 인식 발달				●	●				●									
C:A1.4	집단 내에서 상호작용 및 협동적 작업 방법 학습					●		●		●			●	●					
C:A1.5	의사결정 학습						●												
C:A1.6	목표설정 학습					●	●		●										
C:A1.7	계획의 중요성 학습	교육과정을 마친 후 다뤄짐																	
C:A1.8	흥미 영역의 역량을 추구하고 개발	●	교육과정을 마친 후 다뤄짐																
능력 A:2 직업 준비 발달																			
C:A2.1	집단작업, 문제해결, 조직기술과 같은 직업기술 습득	교육과정을 마친 후 다뤄짐																	
C:A2.2	직업 기회 탐색 위한 진로 준비 기술 적용								●										
C:A2.3	직장 변화에 대한 지식 표현													●					
C:A2.4	고용주와 고용인의 권리와 책임 학습		●																
C:A2.5	직장에서의 타인의 개성 존중 학습													●					
C:A2.6	이력서 작성 방법 학습		●																
C:A2.7	직업과 학습에 대한 긍정적 태도 발달		●																
C:A2.8	직장에서 책임, 신뢰, 지속성, 통합성 및 노력의 중요성 이해													●					
기준 B. 학생들은 성공적이고 만족스러운 미래 진로 목표를 성취할 전략을 익힌다.																			
능력 B:1 진로 정보 습득																			
C:B1.1	진로 계획, 과정 선택 및 직업전환의 의사결정 기술 적용					●			●										
C:B1.2	개인의 기술, 흥미, 능력을 식별하고 현재 직업 선택과 연관시키기					●			●										
C:B1.3	진로 계획 과정에 대한 지식 표현								●										
C:B1.5	진로 정보를 얻기 위해 연구 및 정보 자원을 이용								●										
능력 B:2 진로 목표 확인																			
C:B2.1	진로 목표 성취에 필요한 교육, 훈련 인식 표현								●										
C:B2.2	진로를 위한 자신의 교육계획 평가 및 수정					●	●	●											
C:B2.3	인턴십, 멘토링, shadowing 및 다른 직업 경험에서 직업 준비 기술 사용							●											

기준 C. 학생들은 개인적 자질, 교육, 훈련 및 직업세계 간의 관계를 이해한다.																			
능력 C:1 진로 목표 성취를 위한 지식 습득																			
C:C1.1	교육적 성취와 직업적 성취의 관계 이해								●										
C:C1.2	직업이 개인의 성공과 만족에 어떤 도움을 주는지 설명																		●
C:C1.3	직업 선택과 성공에 영향을 미치는 개인 선호와 흥미 확인								●										
C:C1.6	직업 선택에 있어서 동등한 가치 및 접근의 중요성 이해												●						
C:C1.7	중요하고 만족스런 자기표현 수단으로의 직업 이해												●						
능력 C:2 진로 목표 성취를 위한 기술 적용																			
C:C2.1	흥미, 능력, 성취와 개인적 · 사회적 · 교육적 · 직업적 목표 성취의 관계 표현	교육과정을 마친 후 다뤄짐																	
C:C2.2	또래와 어른과의 갈등해결 기술 사용법 학습															●	●		
C:C2.3	집단 구성원으로서 타인과의 협동작업 학습				●		●		●			●	●						
개인/사회 영역																			
기준 A. 학생들은 자신과 타인을 이해하고 존중하기 위한 지식, 태도, 대인관계 기술을 습득한다.																			
능력 A1 자신에 대한 지식 습득																			
PS:A1.1	자신을 특별하고 가치 있는 사람으로 인식하는 긍정적인 태도 개발		●				●											●	
PS:A1.2	가치, 태도, 믿음 확인	●	●																
PS:A1.3	목표 설정 과정 학습					●	●												
PS:A1.4	성장의 과정으로의 변화 이해		●																
PS:A1.5	감정 확인 및 표현		●															●	
PS:A1.6	적절한 행동과 비적절한 행동 구별									●	●	●	●	●	●	●	●		
PS:A1.7	개인 영역, 권리 및 사생활 요구 인식	●												●	●				
PS:A1.8	자기통제의 필요와 자기통제의 수행 이해													●	●				
PS:A1.9	집단 내 협력적 행동 표현				●		●		●			●	●			●			
PS : A1.10	개인 강점과 장점 확인		●																
PS:A1.11	개인적 · 사회적 역할 변화 확인 및 논의																	●	
PS:A1.12	가족의 역할 변화 확인 및 인식	●	●																
능력 A2 대인관계 기술 습득																			
PS:A2.1	모든 사람은 권리와 책임이 있음을 인식		●																
PS:A2.2	다른 관점 존중															●	●	●	
PS:A2.3	개인차 인식, 수용, 공감 및 존중		●													●			
PS:A2.5	다양한 가정 구조 인식 및 존중		●																
PS:A2.6	효과적 의사소통 기술 사용			●	●									●	●	●			

PS:A2.7	발화, 듣기, 비언어적 행동 포함한 의사소통 학습														●	●	●		
PS:A2.8	친구를 사귀고 유지하는 방법 학습		●							●									
기준 B. 학생들은 목표 달성을 위해 의사결정, 목표설정, 필요한 실행을 한다.																			
능력 B1 자기에 대한 지식 적용																			
PS:B1.1	의사결정 및 문제해결 모델 사용						●												
PS:B1.2	결정과 선택의 결과 이해										●	●	●	●	●	●	●	●	
PS:B1.3	문제에 대한 대안적 해결 확인											●	●	●	●	●	●	●	
PS:B1.4	문제해결을 위한 효과적인 대응 기술 발달																●		
PS:B1.5	문제를 해결하고 의사결정에 도움을 구할 시기, 장소 및 방법 표현																●		
PS:B1.6	갈등해결기술 적용법 학습																●	●	
PS:B1.8	동료 스트레스가 결정에 영향을 주는 시기 학습														●	●	●		
PS:B1.9	장기 및 단기 목표 확인					●	●	●		●									
PS:B1.10	목표 성취를 위한 대안적 방법 확인											●							
PS:B1.11	지식과 기술 습득의 지속성 및 보존성 사용											●							
PS:B1.12	현실적 목표 설정과 달성을 위한 실행 계획 발달	교육과정을 마친 후 다뤄짐																	
기준 C. 학생들은 안전과 생존 기술을 이해한다.																			
능력 C1 개인 안전 기술 습득																			
PS:C1.1	개인정보(예: 전화번호, 집 주소, 직장 연락처) 지식 표현	●																	
PS:C1.4	개인 영역, 권리 및 사생활 보호 능력 표현		●																
PS:C1.5	동료 지원과 교사 지원이 필요한 상황 구별		●																
PS:C1.6	학교, 지역사회 자원인사의 식별 및 도움 요청법 확인		●																
PS:C1.7	안전하고 건강한 선택을 하는 효과적 문제해결 및 의사결정 기술 적용												●	●					
PS:C1.9	동료 스트레스 대처법 학습														●	●	●	●	
PS:C1.10	스트레스 및 갈등 기술 학습														●	●	●	●	
PS:C1.11	삶의 사건 관리를 위한 대응 기술 학습	교육과정을 마친 후 다뤄짐																	

그림 1.2 자기결정성 단계 교육과정과 ASCA 기준의 상관관계

* 기준목록은 ASCA 학교상담프로그램 국가 모델의 것이다.

출처: J. Bowers & T. Hatch, 2002, Alexandria, VA: American School Counselor Associaion. Copyright 2002 by ASCA.

가족지원

가족지원은 자기결정성을 개발하고 표출하는 데 중요하다. 첫째, 개인 주변의 역할모델은 자기결정 기술에 강한 영향을 미친다. 가정에서의 역할모델은 자기결정 기술 발달에 강한 영향을 줄 가능성이 있다. 둘째, 가족체제에 관한 문헌은 가족 구성원의 행동과 역할의 상호 관련성을 지적한다. 각 가정 내부의 역동은 자기결정 발현의 형태와 기회 그리고 자기 발현에 대한 강화의 유형에 영향을 준다.

본 교육과정은 교수활동에 부모님을 참여시키는 기회를 많이 제공한다. 자녀가 이 교육과정에 참여하는 부모님을 볼 수 있는 활동에 더하여, 많은 가정 지원 옹호자들이 더 일반적인 방향으로 부모와 가족 구성원이 자기결정 개념을 습득할 수 있도록 본 교육과정을 선택해 왔다. 예로 한 부모교육가는 자기결정성 증진 프로그램 교육과정의 오리엔테이션과 실습 회기를 가족들에게 자기결정 개념을 소개하는 데 사용하였다.

교육의 효과

Hoffman과 Field(1995)는 다양한 사회경제, 인종을 배경으로 하는 미국 중서부 고등학교의 장애/비장애 학생들을 대상으로 본 교육과정에 대한 현장연구(field-test)를 실시하였다. 본 연구를 위해 자기결정성 증진 프로그램 교육과정의 기본적인 활동을 제공한 처치집단과 교육과정을 제공하지 않은 통제집단을 구성하였다. 연구는 한 학기 동안 실시되었으며, 각 활동의 주요한 회기 활동을 워크숍 형태로 적용하였다. 처치집단과 통제집단 간 t 검증 결과, 자기결정 지식척도(Self-Determination Knowledge Scale: SDKS; Hoffman, Field, & Sawilowsky, 1995)의 정반응이 효과크기 1.02로 유의미한 증가를 보였다(p=.002). 이러한 효과크기는 매우 큰 처치효과로 볼 수 있다(Cohen, 1988). 즉, 만약 한 집단의 자기결정 기술이 백분위 점수 50에 위치한다면 본 교육과정이 해당 집단의 수준을 백분위 점수 85까지 향상시킬 것으로 기대한다.

다음으로, 본 교육과정 효과성 검증을 위해 자기결정관찰 체크리스트(Self-

Determination Observation Checklist: SDOC; Hoffman, field, & Sawilowsky, 2004)를 이용하여 사전-사후검사를 실시하였다(SDOC 사전검사를 공분산으로 사용). 처치집단과 통제집단의 사전-사후검사 결과 자기결정과 관련 있는 행동에 통계적으로 유의미한 증가를 보였다(p=.000).

Boyer(1997)는 행동 및 학습장애 학생을 대상으로 자기결정성 증진 프로그램 교육과정 후속 연구를 실시하였는데, 자기결정성 증진 프로그램 교육과정 참여 후 내적 통제위(internal locus of control)의 유의미한 향상을 발견하였다.

Bruno(2000)는 6학년 학생들을 대상으로 우울지표에 대한 자기결정성 증진 프로그램 교육과정의 효과성 연구를 수행하였다. 학교 상담가가 6학년 일반학급을 대상으로 본 교육과정을 적용하였다. 사전-사후검사 도구로는 아동 우울 검사(Children' s Depression Inventory: CDI; Kovac, 1992)가 사용되었다. Bruno는, 본 교육과정에 참여 후 아동 우울 검사(Kovac, 1992)에서 우울증 위험 아동의 우울지표가 통계적으로 유의미하게 감소했음을 발견하였다(p=.05). 또한 처치집단의 경우 사전검사 결과에 비해 사후검사에서 우울증 위험 아동 수가 감소하였으나, 통제집단에서는 우울증 위험 아동의 수가 증가하였다.

교사를 위한 일반적인 지침

자기결정 기술과 지식이 학생들이 현실적이고 의미 있는 목표를 세우는 데 중요하듯이, 자기결정은 교사들이 적절한 목표를 세우고 교실에서 긍정적인 변화를 도출하기 위한 핵심적인 능력이기도 하다. 자기결정적인 교사는 교실에서 학생들의 요구에 가장 잘 부합하도록 교육과정을 적용하고 증진시킨다. 지난 5년 동안, 우리는 자신의 자기결정성을 활용하여 자기결정 교수를 적용하려고 노력한 교사들로부터 많은 예시들을 모아왔다(Field & Hoffman, 2000). 이번 프로그램의 지도상의 유의점 및 기타 활동에서 제공되는 대부분의 아이디어는 학생의 요구에 가장 잘 부합하기 위해 자기결정성을 활용했던 자기결정적이고 창의적인 교사들이 제안하였다.

역할 모델로서의 교사

자기결정적인 교사는 교실에서 학생들의 독특한 요구에 부합하기 위해 새로운 교육과정을 받아들이고 이것을 창의적으로 적용한다. 교사가 자기결정성 모델의 5가지 구성요소에 대해 잘 알고 이에 능숙하면 새로운 교육과정을 수행하는데 매우 효과적일 것이다. 예를 들어, 새로운 교육과정이 학생의 독특한 요구에 부합되기 위해 교사는 자신과 학생에 대해 잘 이해해야 한다(자기결정성 증진 프로그램 단계 1). 교사는 학생의 강점, 약점, 요구와 선호에 대해 알고, 자신의 강점과 약점에 대해 확실히 이해해야 한다. 또한 교사는 자신을 가치 있게 평가해야 한다(단계 2). 교사는 기술과 상황에 대해 자신의 평가를 믿을 필요가 있으며 자신감을 가지고 그들의 교육과정 수행 계획을 추진해야 한다. 교사는 학생의 요구에 대한 지식과 믿음, 그리고 교사로서 학생들에게 제공할 수 있는 것을 계획에 투입시킬 필요가 있다(단계 3). 교사는 교육과정을 성공적으로 수행할 수 있도록 필요한 준비를 해야 한다. 다음으로 계획을 실행할 필요가 있다(단계 4). 마지막으로 교사는 본인이 기울인 노력을 평가할(단계 5) 필요가 있다. 필요하다면 미래를 위해 계획을 수정(단계 5)하거나, 성공을 축하(단계 5)할 필요가 있다.

많은 교사들이 자기결정성 증진 프로그램을 약간 수정하여 적용하지만, 일부 교사들은 조정(adaptation)이 필요할 것이다. 표 1.1은 자기결정적인 교사들이 어떤 방법으로 이 교육과정을 독특한 상황적 요구에 부합하도록 적절히 활용할 수 있는지에 대한 예시자료다.

교사나 상담가가 촉진자와 협력학습자(colearner)의 역할을 맡는 것은 중요하다. 모델링은 가장 효과적인 교수 단계 중의 하나이며, 무엇이 본보기가 되는가는 무엇을 배우는가에 있어서 가장 중요한 요소다. 학생들이 자기결정성을 향상시키기 위하여 어른은 지식의 제공자(dispenser)이고 학생들은 수동적인 수용자(recipient)인 전통적인 역할은 바뀌어야 한다. 학습 과정에 교사와 학생이 공동참가자가 되는 것은 학생과 교사 모두의 공헌이 가치가 있다는 경험을 할 수 있기 때문에 중요하다. 교사는 개인이 더 자기결정적이 되도록 도울 기회를 제공하는 기술과 자기결정을 촉진하는 전략의 개인적인 지식과 학습 경험 전문가를 데려온다. 학생들은 그들의 요구, 열망, 꿈 그리고 그들에게 효과적인 것과 효과적이지 않은 것에 대한 지식과 그들이 과거에 알았던 다른 것들의 배경(setting)을 가져온다. 학습경험이 가져온 지식과 기술 두 영역은 극도로 중요하고 높이 평가되어야 하며 통합되어야 한다. 대부분의 이런 경험에서처럼, 여기에는 교사, 상담자, 부모, 학생들이 서로로부터 배울 기회가 펼쳐져 있다.

학생과 교사가 서로에게서 배운다는 이 교육과정의 목표는 중요하기 때문에 교사는 자신의 자기결정성을 향상시키기 위해 프로그램에 참여한다는 관점을 가지는 것이 좋다. 교사는 학생과 마찬가지로 각 과제를 완성하여야 한다. 이러한 협력을 통해 개방적이고 긍정적인 학습 분위기를 조성하여 자신감과 자기존중감을 향상시킬 수 있다. 교사들이 권위적이기보다 협조적일 때, 경쟁적이기보다 지지적인 환경을 만들 때 학생의 자신감을 격려할 수 있다고 연구결과들은 보고하고 있다. 비공식적 상호작용을 통한 교수는 자기결정성의 향상이나 감소의 결정적 요소다. 이런 비공식적인 교수를 통해 이루어지는 교육은 공식적인 교육만큼이나 중요하다.

표 1.1 교육과정 수행에서의 교사 자기결정성

자기결정 구성요소	Ms. B: 특수교육 도움반 교사	Ms. C: 대안 교육 교사	Mr. M: 국어과 교사
자기 자신 알기	Ms. B는 교사로서의 자신의 강점을 알고 있다. 이 강점 중의 하나에는 야외 모험적인 도전적 활동을 계획하고 수행하는 능력이다.	Ms. C는 올해 학교생활이 힘들었다. 지역 교육에 큰 변화가 있었고 많은 시간을 할애해야 했다. 그녀는 새로운 자기결정 교육과정을 실행하고 싶었지만 새로운 교육과정에 집중할 시간과 에너지가 한정되어 있었다.	Mr. M는 자기결정성 증진 프로그램 교육과정을 검토하였고, 이것을 창의적 글쓰기 수업에 적용하기로 하였다. 그는 자기결정성 증진 프로그램에서 가르치는 개념과 창의적 글쓰기 수업의 목표 간에 상당히 많은 부분이 중복된다고 생각했다. 게다가, 창의적 글쓰기 절차가 자기결정과 잘 맞는다고 믿었다.

자기 자신 높이 평가하기	Ms. B는 야외 모험적인 도전 원리를 활용한 효과적인 수업을 계획하는 자신의 능력을 믿었다. 또 자신의 관심을 끄는 야외 모험적인 도전적 활동의 가치를 인정하였고, 그것이 학생들에게도 가치 있을 것이라고 믿었다.	Ms. C는 자신이 효율적인 교사라는 것을 알고 있었고, 자기결정이 긍정적일 것이라고 믿었다. Ms. C는 자신의 효율성이 긍정적인 태도로부터 기인한다는 것을 알고 있었다. 또한 항상 자신이 활력 있기 위해 자신의 요구를 들어주어야 한다.	Mr. M은 학생들의 요구를 평가하고 학생들에게 유익한 교육과정을 개발하고 수행하는 교사로서의 자신의 능력을 믿었다. 그는 학생들의 요구에 부합하는 교수를 창의적으로 계획할 권리와 책임을 가지고 있음을 알았다.
계획	Ms. B는 자기결정성 증진 프로그램 특정 회기를 확장하여 야외 모험 도전 전략에 기초한 경험적 활동을 계획했다. Ms. B는 학생들이 작은 종이를 활용하여 징검다리와 같은 상상의 강을 건너는 방법을 집단별로 고안하도록 하였다. 이런 활동은 창의성, 작은 단계, 팀워크 등의 부분에서 수업을 강화하였다.	Ms. C는 이번 학기 총 수업 시수를 고려하여 교육과정을 실행하기 위한 계획을 하였다. 그녀는 시간적 제약 때문에 몇 회기는 조정을 하였다. 예를 들어, 11회기에서 학생들에게 연설할 초청 강사를 섭외하지 않고, 학생들에게 주변 사람들 중 누군가와 자기결정에 대해 인터뷰를 하도록 하였다.	Mr. M은 자기결정성 증진 프로그램 교육과정의 회기들을 그의 창의적 글쓰기 수업에 적용하였다. 몇 가지 창의적 글쓰기 활동으로 그 교육과정을 보충하기도 하였다. Steps 활동에 덧붙여 학생들이 몽상이나 상상 속 인물의 꿈에 대한 허구적 이야기를 쓰도록 하였다. 학생의 글쓰기를 촉진하기 위해 여러 수업 회기는 자기결정과 관련된 이야기를 학생들이 발표하는 것으로 시작하였다.
활동	Ms. B는 수업을 하고 학생들의 반응을 관찰하였다.	Ms. C는 교육과정을 수정하고 조정하여 실행하였다. 또한 정규 스케줄을 수행하며 필요할 때는 잠시 중단하기도 하였다.	Mr. M은 교육과정 회기와 조정한 창의적 글쓰기를 실행하였다. Mr. M은 이전에 사용하지 않은 여러 가지 새로운 활동을 시도해 봄으로써 모험을 하였다.
성과의 경험과 학습	Mr. B는 학생 평가에 대해 기뻤고 활동을 약간만 수정하였다. 이 활동은 6회기의 큰 목표를 작은 단계로 나누는 것에 대한 중요성과 10회기에 배우는 팀워크의 중요성에 대해 강조하는 효과를 가져왔다. Mr. B는 이 활동에 대한 자신의 성취를 매우 자랑스러워했다.	Ms. C는 자기결정성 증진 프로그램의 실행을 검토해 봤을 때, 그녀는 적용된 활동에 대한 학생들의 반응을 보고 기뻐했다. 만약 내년에 지역교육의 많은 부분들이 정착되고 그녀가 회의에 자주 참석하지 않아도 되면, Steps 교사 안내서에 추천되어 있는 방법으로 자신이 조정한 교육과정의 일부 활동을 실행해 볼 결심을 했다.	Mr. M은 학생들이 수업을 평가하도록 하고 피드백을 제공했다. 자기결정에 중점을 둔 활동은 학생들에게 의미 있는 창의적 글쓰기 경험을 제공하였음을 깨달았다. 창의적인 글쓰기 연습 역시 창의성, 상상력, 의사소통 기술을 강조함으로써 자기결정 활동을 강화하였다. 그는 창의적인 글쓰기 활동에 자기결정을 계속 강조하기로 결정했다.

학습 집단

이 교육과정에서는 소집단 활동이 매우 중요하다. 소집단의 주요한 목적은 (a) 집단의 지원을 통해 개념을 이해하고, (b) 참여자들에게 자신을 표현하고 듣고 이해할 기회를 제공하는 것이다. 학습 집단이 가장 효과적이기 위해, 소집단 경험은 다음의 네 가지 기본적인 요소를 포함해야 한다(Johnson, Johnson, Holubec, & Roy, 1984).

- 긍정적인 상호의존성(positive interdependence). 집단의 구성원들은 과제를 완료하기 위해 집단의 다른 구성원들의 참여가 필요하다. 집단 구성원들을 배치할 때, 과제 수행에 필요한 다양한 기술을 가진 학생들이 골고루 포함된 집단을 구성하기 위해 각 학생들의 요구와 강점을 고려해야 한다.
- 면대면 상호작용(face-to-face interaction). 참여자들 사이에는 면대면의 구어적 상호작용이 반드시 있어야 한다.
- 개인적 책임(individual accountability). 각 참여자는 과제 완료에 대해 책임감을 가져야 한다.
- 대인관계 기술과 소집단 기술의 적절한 사용(appropriate use of interpersonal and small-group skills). 소집단에서 효과적으로 작업하는 절차에 대한 활동을 함께 가르쳐야 하고 교사나 집단의 리더는 적절한 대인관계 기술이 적용되고 있는지 면밀히 관찰해야 한다.

많은 학생들을 대상으로 교육과정을 운영하면, 소집단의 촉진자로 봉사할 사람을 뽑는 것이 도움이 된다. 촉진자는 다른 교사들이나 지원 서비스 직원, 단위학교 수준(building level) 또는 중앙 사무실 운영자들(central office administrators), 지역사회 자원봉사자들, 프로그램을 이미 마친 또래들이 할 수 있다. 교육과정에 참여하는 촉진자는 신뢰와 지속성을 유지하기 위해 대부분의 회기에 참여하는 것이 중요하다. 촉진자로 봉사하는 것은 학생들과 직접적으로 활동할 기회를 가져보지 못한 사람들에게 제한된 시간의 봉사로 학생들과 상호작용할 긍정적인 방법을 제시해 주는 등의 좋은 기회를 제공한다.

분위기

앞에서도 언급했듯이, 협조적이고 지지적인 학습 분위기는 이 교육과정이 성공하기 위한 필수적인 요소다. 학생들과 교사들 간의 상호작용과 함께, 학생들을 특별한 방법으로 대함으로써 적절한 분위기 형성을 촉진할 수 있다. 자기결정성 증진 프로그램의 초석은 각 참여자의 특별한 자질에 대해 감사하고 축하하는 것이다. 예를 들어, 교육과정을 시험 운영할 때, 교사들은 자신의 학생들에게 간식(주스와 도넛)을 제공한다. 교육과정을 실행하는 다른 어떤 교사들은 학생들에게 줄 '마음(spirit)' 가방을 준비했다. 이 가방 안에는 지역의 대학들이 기부한 공책과 소속 표시가 있는 물건들(연필, 펜, 신발끈, 지우개)로 채워진 필통이 들어 있었다. 이런 추가적인 마무리는 수업이 중요하고 학생들이 매우 가치롭다는 것을 전달하는 데 도움이 된다.

협조적이고 지지적인 학습 분위기를 만들기 위한 하나의 요소는 참여자들이 자신들의 말이 경청되고 이해되고 있다고 느낄 수 있는 장소를 만드는 것이다. 자신의 말이 경청되고 이해받는다는 느낌은 강력하며, 사람이 한 개인으로서 중요하고 가치가 있다는 것을 확신하는 경험을 할 수 있도록 한다. 이런 경험은 자기존중감을 형성하고, 학습을 하며, 모험을 시도하고자 하는 동기를 강화한다. 말하기와 듣기는 소집단 활동에서 최상으로 이루어진다. 즉, 소집단 활동을 통해 학생들은 질문을 하고, 자신의 작업을 공유하며, 학습한 것에 대해 이야기하고, 도움을 구하며, 다른 사람을 도울 수 있고 자신을 잘 표현할 수 있다. 자기결정성 증진 프로그램은 대부분의 학습 활동이 소집단 내에서 이루어진다(Johnson, Johnson, Holubec, & Roy, 1984). 일반적인 지시를 할 때, 그리고 학생들의 작업과 성과물들을 공유함으로써 학급 구성원들이 서로 모델링의 역할을 수행하기 위해서는 대집단으로 활동한다.

자기결정성 증진 프로그램을 실행함에 있어 유머러스한 분위기를 형성하는 것은 아주 중요하다. 자기결정과 관련된 연구들(Field, Hoffman, St. Peter, & Sawilowsky, 1991)은 유머의 적절한 활용이 자기결정의 중요한 요소라고 지적했다. 즉, 유머는 갈등, 비판, 실망 등을 긍정적으로 해결할 수 있는 유용하고 효과적인 의사소통 도구가 될 수 있다. 우리는 교육과정에 유머가 적절히 스며들 수 있도록 노력을 했고, 교사들은 자신을 표현하는 기회로서 프로그램을 실행할 때 적절한 유머를 사용하도록 격려받았다.

교육 가능한 순간들

이 교육과정은 자기결정성과 관련된 특정한 개념과 기술을 장려할 수 있는 경험을 제공한다. 게다가, 교실에서 자연스럽게 기회가 발생할 때 이런 개념과 기술을 강화하는 것은 효율적인 학습 도구가 될 수 있다. 예를 들어, 만약 학생이 문제나 갈등을 스스로 해결해야 하는 상황이 되면, 이것은 그 학생이 배운 자기주장적 의사소통과 타협 기술을 실제 상황에 적용할 좋은 기회가 된다. 이런 '교육 가능한 순간들' 로부터 학생들이 얻는 교훈은 매우 가치 있고 필요할 때마다 활용할 수 있을 것이다. 이런 기회는 학생들이 기술과 개념의 적용 가능성을 알도록 해 주고, 구조화된 수업 동안 배운 내용들을 보강하는 매우 중요한 방법이다.

교수적 조정

자기결정성 증진 프로그램은 학습자의 다양한 요구에 부합하도록 계획되었다. 예를 들어, 서면 자료는 최대한 줄이고, 핵심 개념은 종종 구두와 서면 모두로 설명한다. 최소한의 교수적 수정을 하되 학습자의 개별적 요구에 부합하기 위해 조정이 필요하면 교수적 조정을 해야 한다. 이것은 두 가지 이유에서 중요하다. 첫 번째, 분명히 학생들은 학생들의 개별적 요구에 부합하는 조정이 없으면 효과적으로 학습하지 못할 것이다. 두 번째, 이 교육과정의 기본적인 주의는 다양성은 바람직한 것이고, 각 개인은 존중받아야 한다는 것이다. 이것은 자존감과 자부심을 증진시키기 위한 필수적인 것이며, 자기결정의 기초를 제공하는데 중요하다. 독특한 학습자의 요구를 위한 조정을 하는 것은 이런 기본적인 주의에서 자연스럽게 나온다. 조정을 하지 않으면 학생들은 복잡하고 혼란스러운 메시지를 받을 것이다.

교육과정 테스트 분야에서 특수교사, 일반교사, 서비스 지원 직원이 포함된 팀 접근은 각 학생들에게 필요한 조정을 개발하는 것을 촉진시킨다. 조정을 필요로 하는 학생과 부모의 투입과 결합된 이들 팀 멤버들의 자원과 창의성은 필요한 모든 조정을 개발하기에 충분하다. 조정에 대한 추가적인 정보를 위해 『교육상담: 통합 교실에서 교수, 부모 그리고 학생들 돕기(*The Educational Consultant: Helping Professionals, Parents, and Students in Inclusive Classrooms*)』(Heron & Harris, 2001)를 참고하라.

물리적 환경

교육과정 회기는 좋은 조명과 적절한 환기를 갖춘 편안한 방에서 이루어져야 한다. 참여자들이 필요 시 스스로 집단을 정렬할 수 있도록 움직일 수 있는 좌석과 책상을 준비하는 것이 좋다. 덧붙여, 대부분의 회기에서 이젤(플립 차트) 위에 칠판이나 포스터 종이를 준비해야 할 것이다. 각 교수 계획의 교수자료 및 교재교구 부분에 특정 회기에 필요한 추가적인 자료를 제시하였다.

일 정

자기결정성 증진 프로그램은 정규 수업의 부분이나 과외활동(방과 후 활동, 점심시간 또는 자유시간)과 비슷한 형태로 실행될 수 있도록 계획되었다. 이 교육과정은 소집단이나 개별 교수 또는 상담 도구 등에 폭넓게 사용될 수 있다. 다음은 이 교육과정을 활용했던 교사들이 제시한 일정과 관련된 몇 가지 아이디어의 목록이다.

1. 이 교육과정을 사용하는 사람들은 워크숍 회기를 5~6시간 단위로 계획하는 유연성에 대한 질문을 해 왔다. 이런 형식으로 워크숍을 실시했던 교사들은 좋은 반응을 보였다. 많은 교사들은 워크숍이 이 교육과정에서 가장 좋았던 부분이었고, 또한 집단으로 하여금 공동체 의식을 개발할 수 있도

록 도왔다고 말했다. 그러나 일부 사용자는 5~6시간 단위의 시간 계획이 적절하지 않다고 말했다. 시도했던 일부 대안은 다음에 제시되어 있다.

* 주중 야간에 5:00부터 9:00까지 워크숍을 계획한다. '워킹 디너'(간단한 저녁을 먹으며 작업하기)를 준비하고 일부 활동을 줄인다. 예를 들어, '권리와 책임' 시나리오를 네 가지 하는 대신에 한 가지만 한다.
* 워크숍 활동은 학생들이 짝을 이루어 5회기에 완료한다. 멋진 후속시간으로 부모나 지원자들을 짧은 시간 동안(예 1~2시간) 초대하여 (a) 학생들이 그동안 했던 활동을 멘토와 공유하고, (b) 남아 있는 활동을 집단으로 함께 완성하도록 한다.
* 워크숍을 각 3시간씩 두 회기에 완료한다.
* 부모들이 워크숍에 올 수 없으면 부모들에게 우표를 붙인 반송용 봉투를 주고 'How I see you' 평가지를 작성하여 학교로 다시 보내도록 한다. 학생들은 활동할 때 부모가 제공한 'How I see you' 평가지를 사용할 수 있다.

2. 자기결정성 증진 프로그램은 자문과 학급에 훌륭한 자료다. 자문시간 동안 학교 전체에 이 교육과정을 사용하는 학교는 짧은 자문시간에 맞추기 위해 각 회기를 두 부분으로 짧게 나눈다. 그러나 그것은 학생들이 목표를 성취하도록 지원해 주는 학교 전체 중재를 제공하고, 학생들에게 일반적인 언어와 개념적인 체계를 제공하였다.
3. 만약 학교가 자유시간 또는 학생들이 시간 계획을 하는 시간이 있다면, 이런 시간들은 그러한 경험이 필요한 학생들에게 자기결정성 증진 프로그램을 제공할 좋은 기회다. 이런 기간은 종종 이 교육과정의 수행에 서비스 지원 직원(예를 들어, 사회복지사, 상담자, 심리학자)들이 관련될 수 있는 훌륭한 시간이다. 관리자들이 자유시간 동안 이 교육과정을 가르칠 수도 있고, 그렇게 함으로써 정규수업 시간을 침해하지 않을 수 있다.
4. 일부 학교는 학습과 사회적 기술에 이 교육과정을 사용할 수 있는 새로운 수업을 만들었다. 이런 수업 중의 하나인 신입생을 위한 "오리엔테이션" 수업에는 자기결정, 학습 양식, 개별화 교육 계획(IEP) 운영 등이 있다.
5. 결석한 학생들을 위해 회기를 보충하기 위한 다양한 전략을 개발하였다.

이러한 전략에는 (a) 수업에 참석했던 학생이 결석한 학생의 활동을 완료할 수 있도록 돕는 친구 체제 개발, (b) 학생들이 독립적으로 작업을 완료할 수 있도록 수업에 필요한 학습 자료를 넣어 둔 개별 학습 꾸러미 만들기, (c) 학생들이 회기 내용을 재검토할 수 있도록 개별 시간 계획 등이 있다.

6. 주의집중력이 짧은 학생들을 위해서 일부 교사들은 한 회기를 2개 또는 그 이상의 짧은 회기로 나누었다.

학생들이 자기결정성 증진 프로그램에 참석하기 위해 다른 중요한 수업이나 학교 활동을 빠지게 해서는 안 된다. 즉, 학생들이 테스트 시간이나 중요한 수업 시간에 제외되어서는 안 된다.

이 교육과정이 실행되는 환경에 적절하고 전형적인 방법의 강화인자를 설계한다. 예를 들어, 이 교육과정이 정규 수업의 한 부분으로 제공되면, 자기결정 교육과정의 과제 완료는 정규 수업에서 다른 과제를 완료했을 때와 같은 방법으로 보상하거나 강화해야 한다.

조언 및 기타 활동

이전에 자기결정성 증진 프로그램 교육과정을 사용했던 전문가들은 다음과 같이 제안하였다.

1. 만약 유인물을 복사해서 사용한다면, 회기별 수업에 필요한 모든 유인물이 포함된 자료집을 만든다. 학생들은 책을 갖는 것을 좋아하고, 자료집은 각 회기마다 유인물을 나누어주는 것보다 교수에게 덜 방해가 된다는 것이 경험적으로 입증되었다. 워드 프로세서로 창의성을 가진다. 어떤 교사는 자료집 표지에 단계를 상징하는 '발' 표시의 작은 이미지를 넣고 학생의 이름을 적어서 개인 자료집을 만들었다. 학생들은 이 공책을 사랑했다.
2. 활동지는 집단 작업과 토의를 위한 도구로서 우선적으로 사용되지만, 만약

학생들이 쓰기 기술을 학습하고 있다면, 쓰기 표현을 더 강조할 수 있다. 한 교사는 쓰기 기술 향상, 학생과 교사의 관계 형성 및 쓰기 의사소통의 가치와 중요성을 강조하기 위해 활동지를 사용하였다.

3. 목표에 상응하는 방향으로 진전을 이룬 증거들이 들어 있는 포트폴리오를 학생들이 과정을 마칠 때 간직하도록 한다.
4. 이 교육과정을 통해 진전을 이룬 것을 학생들이 일지로 써서 남기도록 한다.
5. 심각한 장애를 가진 학생을 위해 단어뿐만 아니라 아이콘과 그림이 포함된 활동지를 적용하는 것은 매우 유용할 수 있다.
6. 학급 활동과 목표 달성에 관한 쪽지나 뉴스레터를 가정으로 보내어 학부모나 멘토 역할을 할 다른 사람들이 자기결정 교수 과정에 계속 참여시키도록 한다.
7. 학생들이 자기결정과 관련된 신문, 책, 잡지로부터 인용구를 모으도록 한다. 매일의 발표시간에 그 인용문을 읽도록 하거나 그것을 게시판에 붙인다.
8. 자기결정 활동을 직업 탐색 활동과 현장학습에 접목시킨다. 학생들이 다양한 직업을 관찰하기 위해 현장학습을 갈 때, 학생들이 직원들에게 그들의 삶, 어떻게 지금 하고 있는 일을 하기로 결정하게 되었는지, 그 일을 하면서 가장 어려운 점이 무엇인지 등에 대해 질문을 하게 한다. 학교에서 현장학습에 대해 논의할 때, 직업의 종류와 함께 자기결정에 대해 더 많은 것을 배울 수 있도록 현장학습 경험을 활용한다. 현장학습 장소에 대한 결정을 하는 과정에 학생들이 참여하도록 함으로써 자기결정을 현장학습 과정 안에 접목시킬 수도 있다.
9. 학생들이 이 교육과정을 통해 진전을 보임에 따라 자기결정 프로젝트를 개발하도록 한다. 학생들에게 아래와 같은 지침을 제시한다.
   * 모든 활동지와 보고서를 마지막 프로젝트에 포함시킬 수 있도록 보관한다.
   * 마지막 프로젝트를 위해 모든 일지를 보관한다. 목표를 향해 진전을 보이는 정도, 목표 달성을 위한 학습 과정에서 일어난 변화와 사건, 수업 회기에 참여하면서 이 수업에 관해 어떻게 생각하는지와 본인이 기울인

노력 등에 관해 매일 쓴다.

* 목표를 달성하기 위해 각 단계에서 작업했던 활동의 모든 증거를 보관한다. 창의적이 되어라. 예를 들어, 사진, 그림, 이야기, 팸플릿과 지원서 사본 등을 프로젝트에 포함할 수 있다.

10. 교실에서 예술적인(artistic) 과제나 다른 과제를 할 때, 학생들이 과제를 마치는 것을 돕기 위해 자기결정적인 언어를 사용한다. 예를 들면, 프로젝트에서 학생들이 결정을 하고 프로젝트를 완료하기 위해 계획을 세울 때, 자기결정성 모델의 5단계를 거치도록 한다.
11. 교실에서 문제가 발생했을 때 이를 해결하기 위해 자기결정성 모델의 5단계를 활용한다. 예를 들면, 한 교사는 교실에서 놀리는 문제를 해결하기 위해 학생들이 5단계를 사용하도록 하였다.
12. 자기결정 개념에 대한 토론을 촉진하기 위해 영화를 사용한다. 교육과정 사용자들이 과거에 사용했던 비디오들에는 Hoop Dream(James, 1994),[1] Brain' s song(Gray, 2001),[2] October Sky(Herek, 1992),[3] 그리고 Stand by me(Reiner, 1986)[4]가 있다.

1) 어느 단신 자폐증 소년의 감동적인 농구 이야기, 미국의 〈말아톤〉으로 불림(역자주).
2) 전문 축구 선수가 치명적인 병에 걸린 후의 우정 이야기(역자주)
3) 탄광마을의 한 소년이 로켓의 꿈을 위해 끝까지 노력하는 모습을 그린 영화(역자주)
4) 상처를 안고 사는 네 소년이 시체를 찾아 떠나며 겪는 모험과 우정을 그린 영화(역자주)

생각 보태기

Orientation

오리엔테이션
자기결정(self-Determination)이란 무엇인가?

학습목표

오리엔테이션 시간에, 학생들은 다음과 같은 목표를 성취할 수 있다.

1. 자기결정성 증진 프로그램(Steps to Self-Determination)의 목적과 구조에 친숙해진다.
2. 교육과정이 실행되는 동안 멘토로서 참가자들을 지원하기 위해 워크숍에 참여할 부모나 친구를 선택한다.
3. 부모나 친구에게 워크숍 참석을 부탁하는 편지를 쓰고 교육과정이 실행되는 동안 멘토로서 지원해 줄 것을 요청한다.

준비

수업 준비 사항은 다음과 같다.

1. 수업내용을 검토하고 익숙해진다.

2. 워크숍 활동의 수업 계획을 세운다. 만약 수업이 5~6시간의 워크숍 단위로 진행된다면, 날짜(적어도 오리엔테이션 3주 전), 장소, 점심 그리고 간식에 관한 모든 준비를 해야 한다. 가능하면, 어린 아이가 있는 멘토를 위한 보육이나, 필요한 교통수단도 마련한다. 음식, 보육, 교통수단은 지역사회 봉사조직의 자원 봉사자(예컨대, Kiwanis, Rotary, Junior League), 부모-교사-학생 연합과 같은 학교 단체, 또는 구에서 후원하는 음식 서비스와 보육 학급 등을 통해 지원받을 수 있다. 만약 수업이 1일 워크숍보다 더 제공된다면, 이 책의 서론에서 "조언 및 기타 활동" 부분을 참고한다.
3. 워크숍에 참여하고 교실에서 이루어지는 교육 활동을 가정에서 지원할 수 있도록 하기 위해 부모와 친구를 초대하는 편지를 준비한다.
4. OHP나 파워포인트 슬라이드를 만들고 필요하면 복사하여 유인물을 준비한다.

표 0.1. 교사가 보내는 초청장의 견본

날짜

________ 귀하:

우리는 청소년들이 자신의 삶에서 책임감을 가지고 자신의 목표를 찾아 성취할 수 있도록 다채로운 노력을 하고 있습니다. 학생은 수업과 과제가 결합된 특별한 교실환경에서 목표를 찾고, 정보를 모으며, 고민하여 결정을 내리고, 그 결정을 시행하며, 결과를 예측하게 됩니다. 그리고 이러한 과정을 통하여 학생 스스로 배워 나갈 수 있습니다.

교육과정에 포함된 몇 가지 활동은 학생에게 도움을 제공할 수 있는 부모 혹은 친구와 관련이 있습니다. 이 학생은 본인에게 도움을 줄 수 있는 사람으로 당신을 선택하였습니다.

선정된 것은 영광스러운 일이나, 그에 따른 책임감을 가져야 합니다. 다음의 두 가지 사항을 지켜주실 것을 부탁드립니다. 첫째, 프로그램이 시작하는 워크숍에 참석해 주시기 바랍니다. 그곳에서 당신의 아들, 딸, 친구를 도와주고 지원하며 함께 참여하게 될 것입니다. 당신은 주로 당신의 학생과 함께하게 될 것입니다. 모든 학생은 부모나 친구를 동반하기 때문에 당신의 워크숍 참여는 매우 중요합니다. 둘째, 앞으로 16주 동안 과제를 하기 위한 당신의 지원과 어느 정도의 참여가 필요합니다. 활동을 하는 데 있어서 공유와 협력을 통해 당신과 학생의 관계를 더욱 견고하게 할 뿐만 아니라, 학생이 결정을 내리고 수행할 수 있는 능력을 지니게 되길 희망합니다.

당신이 보는 바와 같이, 가장 중요한 책임은 학생에게 있습니다. 그러나 당신도 학습을 돕고 학생을 지원하는 중요한 역할을 수행해야 합니다.

워크숍 기간 동안 자녀를 돌봐 드립니다. 만약 보육 지원이 필요하면, 즉시 (전화번호: ________)로 전화하셔서 알려주시기 바랍니다. 만약 당신이나 학생에게 이동수단이 필요하다면, ____까지 ____(전화번호: ________)로 전화주시기 바랍니다.

____ ~ ____ 까지 ____ 에서 만나기를 희망합니다.

____ 올림

학습자료 및 교구

수업 시 필요한 학습자료 및 교구는 다음과 같다.

1. OHP(오버헤드 프로젝터) 또는 컴퓨터와 LCD 프로젝터
2. 차트와 마커
3. 지역 전화번호부
4. 편지지와 봉투

개관

오리엔테이션 시간의 일반적인 개관은 다음과 같다.

Ⅰ. 자기결정성 증진 프로그램에 대한 개관을 제공하고 소개한다(13분).
  A. 자기결정의 개념에 관해 토론한다(부록: 그림 1).
  B. 주제, 활동, 그리고 교육과정 내에서 부모와 친구의 역할에 관한 개관을 제공한다.
  C. 워크숍의 개관을 제공한다(부록: 워크숍 개관).
Ⅱ. 학생들은 멘토와 도우미로서 부모나 친구를 선택한다(15분).
  A. 필요한 지원의 특성을 확인한다.
  B. 선정된 사람의 유형에 관해 토론한다.
  C. 학생들은 초대된 부모나 친구를 확인하여 신청서를 완성한다.
Ⅲ. 학생들은 부모나 친구에게 보내는 교사의 초청장을 검토한다(5분).
Ⅳ. 학생들은 함께 참여할 부모나 도우미에게 초대하는 편지를 쓴다(20분).
  A. 정보가 편지에 포함되어 있는지 검토한다.
  B. 학생들은 편지를 쓰고 편지 봉투에 주소를 쓴다.
Ⅴ. 정리(2분)
  A. 과제를 완성하지 못한 학생들을 확인하고 완료를 위한 협의를 한다.
  B. 워크숍 기간 동안의 계획을 간략하게 검토한다.

내용

오리엔테이션의 구체적 절차에 대한 개요는 다음과 같다.

Ⅰ. 자기결정의 교육과정에 대한 개요를 소개하고 제공한다.
  A. 자기결정의 의미에 관해 토론한다: 이 과정의 목표는 학생들이 자기결

정성을 가질 수 있도록 돕는 것임을 알린다. 자기결정성을 가진다는 말을 어떻게 생각하는지 학생들에게 질문한다. 자기결정이란 단어의 의미에 관해 조사한다. 참가자들에게 자기결정성을 가진다면 어떤 이점이 있을 것이라고 생각하는지 질문한다. 자기결정성을 갖는다는 것은 당신 안에 있는 보물 상자를 여는 것과 같다(부록: 그림 1).

B. 주제, 활동, 그리고 교육과정 내에서 부모와 친구의 역할에 관한 개요를 제공한다.

1. 학습하게 될 내용에 관해 학생들과 공유한다.
   a. 자기결정성을 가질 수 있게 도울 수 있는 기술개발과 우리 자신에 관하여
   b. 우리의 강점과 약점 그리고 우리에게 무엇이 중요한지에 관하여
   c. 의사결정 기술, 목표설정 기술, 그리고 다른 사람과의 의사소통 기술에 관하여
2. 이러한 기술들이 우리가 자기결정성을 갖는 데 어떻게 도움을 주는지에 관하여 학생들과 이야기한다.
   a. 우리는 다양한 체험활동을 통해서 배우게 될 것이고, 소십난으로 많은 일을 하면서 서로를 통해 배우게 된다는 것을 학생들과 공유한다. 학생들처럼 교사들도 자기결정성을 가질 수 있도록 배우게 된다는 것을 학생들에게 말한다: 교사들은 학생들과 마찬가지로 교육과정을 이수할 것이다. 워크숍과 매주의 회기를 포함하여 교육과정 일정의 개관을 제공한다. 교육과정에 참여하며, 때로는 교실에 찾아오고(예를 들어, 워크숍 때문에) 때로는 교외 과제를 도울 부모나 친구들에 관하여 학생들과 공유한다.
   b. 학생들에게 수업에 관해 질문할 기회를 제공한다.

C. 워크숍의 개관을 제공한다: OHP를 사용하여(부록: 워크숍 개관), 학생들과 워크숍 계획을 검토한다. 워크숍에서 가장 긍정적인 요인이라고 생각되는 것을 강조하고 열정을 갖도록 유도한다. 학생들에게 일정, 활동의 유형(부모나 친구의 개입을 포함하여), 장

소, 그리고 음식에 관해 알린다.

II. 학생들은 멘토와 도우미로서 부모나 친구를 선택한다.

A. 필요한 지원의 특성을 확인한다.

1. 학생들과 함께 몇몇 활동에 참여할 사람을 선택하는 것이 이 교육과정에서 중요한 점임을 학생들과 공유한다. 멘토는 워크숍에 초대받고, 몇 가지 과제 활동에 학생들과 함께 참여할 수 있으며, 과정의 마지막 회기에 초대받을 수 있다.

2. 이 역할에 적절한 사람들의 특성을 밝히도록 학생들에게 질문한다. 학생들이 이러한 특성을 찾아내면, 차트 위에 쓰게 한다. 바람직한 특성의 예는 "나를 잘 알다." "나를 아낀다." "내가 존경하는 사람이다." 그리고 "내가 배울 수 있는 사람이다." 등이다.

3. 초청된 사람이 완벽할 필요는 없다는 것을 강조한다. 대신에 멘토는 교육과정을 이수하는 동안 학생들을 지원해 줄 수 있는 사람이어야 한다.

B. 선정된 사람의 유형에 관해 토론하라: 초대된 사람들의 유형(예를 들어, 부모, 이모 혹은 고모, 형/오빠 혹은 누나/언니, 이웃, 이 교육과정을 이수한 친구)을 확인하기 위하여 학생들에게 질문한다. 학생들이 개개인의 유형을 구분하면, 차트에 그들의 목록을 작성한다.

C. 학생들은 초대할 부모나 친구를 확인하고 신청서를 작성한다: 학생들이 초대하고 싶은 사람을 선택하도록 하고, 부모/친구 참가 신청서에 정보를 적어 넣는다.

III. 학생들은 부모나 친구에게 보내는 교사의 초청장을 검토한다: 학생들이 선택한 사람에게 발송할 초청장의 사본을 나누어 주고, 학생들과 초청장을 검토한다.

IV. 학생들은 함께 참여할 부모나 친구를 초대하는 편지를 쓴다.

A. 편지에 정보가 포함되어 있는지 검토한다: 학생들이 초청하고 싶은 사람에게 쓸 초청장에 무엇을 써야 할지 학생들에게 질문한다. 학생들과 토론을 진행하고, 찾아낸 각 요소의 목록을 차트에 작성한다. 다음의

정보들이 포함되어야 할 것이다.

- 초대하는 목적
- 중요한 이유
- 날짜, 시간, 장소

B. 학생들은 편지를 쓰고 편지 봉투에 주소를 적는다.

1. 학생들은 워크숍 기간 동안 함께 참여하고 그 과정을 마칠 때까지 지원해 줄 수 있는 사람에게 개인 편지를 쓰고 봉투에 주소를 적는다.
2. 편지를 발송하기 위해서 학생들로부터 편지를 걷는다(기억할 것: 수업이 끝난 직후 우편물을 발송하는 것이 배송기간을 적절히 맞추게 된다!).

V. 정리

A. 과제를 완성하지 못한 학생들을 확인하고 완성할 수 있도록 협의를 한다. 이 학생들과 개별적으로 이야기를 나누고 과제를 완수하기 위해 수업 후에도 계획을 세운다.

B. 워크숍 기간 동안의 계획을 간략하게 검토한다. 정보를 전달하는 것에 덧붙여, 활동에 대한 열정과 기대를 갖도록 한다.

지도상의 유의점 및 기타 활동

자기결정성 증진 프로그램의 오리엔테이션 진행을 위한 제안사항은 다음과 같다.

1. 학생들이 초청장을 꾸미도록 한다.
2. 자기결정성 증진 프로그램의 개관을 알리고 교육과정을 소개하기 위해서 〈Steps to Self-Determination〉을 시청한다.
3. 부모나 친구에게 보낼 음성 편지를 만든다. 각 학생은 워크숍과 수업에 관한 자신만의 초대와 설명을 녹음할 수 있다. 교사는 추가적인 코멘트나 격

려를 덧붙일 수 있다.

4. 학생들이 자기결정적인 사람에 관해 생각하도록 한다. 그 사람은 어떤 사람인가? 어떻게 행동하는가? 학생들은 책이나 영화 속 인물, 혹은 텔레비전에서 알게 된 인물 등 이미 알고 있는 사람을 생각할 수 있다. 학생들이 어떤 특성을 가진 멘토를 원하는지 토론한다.
5. 필요하다면, 학생들은 전화로 초청을 할 수도 있다.
6. 소집단 활동을 통해 이상적인 멘토의 특성을 확인한다. 각 그룹에 큰 종이 한 장과 마커를 나누어 준다. 학생들에게 사람의 외형을 그리게 한다. 한 학생이 바닥에 누워있으면 다른 학생이 누워있는 학생의 외형을 그리며 이 활동을 할 수 있다. 그다음에 학생들은 그림 위에 이상적인 멘토의 특성을 적는다.
7. 학생들이 자기결정에 관한 자신만의 정의를 내릴 수 있도록 한다. 학생들이 정의를 표현할 수 있도록 자유롭게 포스터를 만든다. 이때 컴퓨터를 사용할 수도 있다.
8. 오늘의 자신이 될 수 있도록 돕는 "본질이 밝혀지는 결정적 순간"에 관하여 학생들이 일인칭 시점으로 서술하도록 한다. 모델로서 학급의 학생들과 공유할 수 있도록 자신만의 서술을 적는다.
9. 자기결정적인 사람과 아닌 사람의 사진을 찾을 수 있도록 학생들에게 잡지를 준다. 왜 그 사람들이 그렇게 보였는지에 대해 설명할 수 있게 이야기를 지어내게 한다. 학생들이 자기결정과 연관된 신문, 책, 그리고 잡지에서 인용문을 수집하게 한다. 인용문을 읽거나 게시판에 게재하게 한다.
10. 자기결정이라는 단어의 한 글자 한 글자를 통해서(예를 들어, 자기결정 4행시 짓기 등) 학생들이 자기결정과 관련된 단어를 만들어 내도록 한다.
11. 교실 내에서 전시할 수 있도록 학생들이 포스터를 만들도록 한다. 다음 질문에 대한 응답으로 포스터를 만들도록 한다. "자기결정적인 사람을 어떤 단어를 사용하여 표현하겠습니까?"
12. 학생들이 자신의 영웅을 찾고 그 영웅에 대한 정보를 알아보도록 한다. 자신의 영웅이 어떤 방법으로 자기결정적인 사람이 되었는지 확인한다. 영

웅들이 가진 어떤 특성이 자기결정적인 사람이 되는 데 도움을 주었는가? 정보를 얻기 위해 http://heroes.com을 참고할 수 있다.

생각 보태기

Workshop

워크숍

학습목표

워크숍 시간에, 학생들은 다음과 같은 목표를 성취할 수 있다.

1. 학생들은 서로 친숙해질 수 있다.
2. 학생들이 자기결정 과정을 설명할 수 있다.
3. 학생들은 다음과 같은 5가지 영역에서 자신이 가지고 있는 강점 두 가지와 약점 한 가지를 확인할 수 있다: 신체적 영역, 정신적 영역, 정서적 영역, 사회적 영역, 신념
4. 학생들은 자신의 약점을 극복하기 위해 계발해 온 강점을 확인할 수 있다.
5. 학생들은 스스로 생각하는 이상적인 자신의 모습을 탐색하고, 그 특성들이 현재 자신의 모습에서 어떻게 나타나는지 확인할 수 있다.
6. 학생들은 권리와 책임을 구별할 수 있다.
7. 학생들은 타인에게 받을 수 있는 지원과 그 지원을 받는 방법을 확인할 수 있다.
8. 멘토들은 학생들이 자기결정력을 갖춰감에 따라 그들의 역할이 어떻게 변화하는지 확인할 수 있다.
9. 멘토들은 학생의 자기결정성을 향상시킬 수 있는 방법을 확인할 수 있다.

준비

수업 준비 사항은 다음과 같다.

1. 수업 자료 검토 후 개인적 일화와 메모를 해당부분에 기록한다.
2. 수업에서 공유할 수 있도록 미리 활동지를 완성한다: '내가 보는 나(How I See Myself)', '이상적인 나(my ideal self)', '나를 받아들이기(Self-Acceptance)'.
3. 필요한 경우 OHP 또는 파워포인트 슬라이드를 제작하고, 학생용 유인물을 준비한다. 회기별 주제 및 지원 제안은 부록 A에 포함되어 있다.
4. 멘토를 포함(해당되는 경우)한 총 참여자 수를 확인한다. 수업 진행 시 (a) 각 소집단에 필요한 촉진자와 (b) 각 학생별 파트너 수가 충분한지 확인한다(주의: 만약 멘토가 부득이하게 참여하지 못할 경우에 교사나 소집단 촉진자 또는 또래 중 한 명이 그 학생의 파트너가 될 수 있음).
5. 점심식사와 휴식시간 다과를 준비한다(해당되는 경우).
6. 학생 지도 및 이동과 관련된 모든 사항을 최종적으로 점검한다(해당되는 경우).

학습자료 및 교구

수업 시 필요한 학습자료 및 교구는 다음과 같다.

1. 차트(2)와 마커
2. OHP 또는 컴퓨터와 LCD 프로젝터

개관

워크숍 시간의 개관은 다음과 같다.

Ⅰ. 수업 소개(15분)

A. 학생 환영하기

B. 학습순서 검토하기(부록: 워크숍 학습순서).

C. 자기결정의 개념 소개하기

Ⅱ. 서로에 대해 알기(30분)

A. 소개 과정에 대해 설명하기(부록: 서로에 대해 알기(Getting To Know Each Other))

B. 교사와 촉진자 소개하기

C. 학생과 멘토 소개하기

Ⅲ. 자기결정성 모델 개관(15분)

A. 모델 검토하기(부록: 자기결정성 모델(Self-Determination Model))

B. 마크의 사례 검토하기

〈휴식(10분)〉

Ⅳ. 자기 인식 활동 전개(60분)

A. 학생과 멘토는 각자 '내가 보는 나'와 '내가 보는 너(How I See You)' 활동지를 완성한다.

B. 학생과 멘토는 활동지에 작성한 내용에 대해 이야기한다.

C. 대집단 토의를 진행한다.

D. 학생들은 '이상적인 나' 활동지를 완성한다.

E. 마크가 완성한 활동지를 검토하고, 그가 생각하는 이상적인 모습이 어떠한 방식으로 이미 그의 현재 모습의 한 부분으로 자리 잡고 있는지 살펴본다(부록: 마크의 이상적 자아).

F. 학생과 멘토는 본인의 이상적인 모습과 현재 모습에 대하여 토론하도

록 한다.

G. 대집단 토의를 실행한다.

〈휴식(10분)〉

V. 자기 수용 활동 전개(50분)

A. 마크의 사례를 소개한다(부록: 마크의 약점과 숨겨진 강점(Mark' s Weaknesses and Midden Strengths)).

B. 약점 속에 가려졌던 강점에 대하여 토론한다(부록: 마크의 약점과 숨겨진 강점; 부록: 그림 2, 부록: 그림 3).

C. 학생들은 자기 수용 활동지를 완성하고 멘토와 토론한다.

D. 대집단 토의를 진행한다.

〈점심(60분)〉

VI. 권리와 책임 활동 전개(50분)

A. 권리와 책임의 개념을 검토한다(부록: 권리와 책임이란 무엇인가?(What Are Rights and Responsibilities?)).

B. 학생들은 소집단을 구성하여 권리와 책임 연습 활동을 완성한다.

C. 대집단 토의를 진행한다.

〈휴식(10분)〉

VII. 가족과 친구들로부터 받을 수 있는 지원을 찾고, 다른 사람의 자기결정 지원하기 활동 전개(30분)

A. 학생들은 한 집단 안에서 '자기결정을 위한 지원 찾기(Finding Support for Self-Determination)' 활동지를 완성한다. 멘토들은 또 다른 그룹에서 '자기결정 지원하기(Supporting Self determination)' 활동지를 완성한다.

B. 대집단 토의를 촉진한다.

VIII. 정리(30분)

A. 학생들은 워크숍을 통해 배운 것들 중 가장 중요한 3~4가지를 각각 기록한다.

B. 대집단으로 내용을 공유한다.

C. 남은 16회기 동안 다룰 주제와 지원 요구들을 검토한다(유인물, 부록: 자기결정성 단계: 회기 주제와 지원 제안(Steps to Self-Determination: session themes and support suggestions)).

D. 다음 회기 소개 및 전체 참가자에게 감사 인사를 한다.

내용

워크숍의 구체적 절차에 대한 개요는 다음과 같다.

I. 워크숍 소개

A. 수업에 참여한 학생들을 환영한다: 수업에 참여하고자 하는 학생들의 의지가 바로 서로에 대한 지원이며, 서로를 가치롭게 여기고 있음을 나타내는 방법임을 설명한다.

B. 학습순서 검토(부록: 워크숍 학습순서)

C. 자기결정의 개념 소개

1. 학생들이 스스로 결정을 했다고 느꼈을 때와 다른 사람에 의해 통제되었다고 느꼈을 때를 생각하도록 한다. 자신의 사례를 다른 학생들과 공유하도록 한다.

2. 학생들이 자기결정이 왜 중요한지 생각해 보도록 한다. 자신의 생각을 다른 학생들과 공유하도록 한다. 학생들의 반응에서 분명하게 나타나는 핵심 주제나 현상을 지적한다.

II. 서로에 대해 알기

A. 소개 과정 설명: 서로를 알아가는 것이 중요하며, 집단 내에서 각자 상대방을 소개하게 될 것임을 설명한다. 학생과 멘토가 짝을 지어 소개 활동을 하며 소개 중에 다음의 두 가지 내용에 대해 이야기 한다(부록: 서로에 대해 알기)

* 그 사람에 대해 가장 좋아하는 것
* 그 사람이 자신이 원하던 것을 갖거나 목표를 성취하기 위하여 노력하는 것을 본 경험

(주의: 학생들과 멘토들이 서로 잘 알지 못하는 경우에는 짝을 지어 이야기할 수 있도록 학생들에게 몇 분의 시간을 제공한다.)

B. 교사와 촉진자가 서로를 소개한다: 소개는 짧고 간단하게 하여 학생들이 간결한 소개를 모델링할 수 있도록 한다.

C. 학생과 멘토가 서로를 소개한다.

Ⅲ. 자기결정성 모델 개관

A. 모델 검토(부록: 자기결정성 모델)에 제시

B. 마크의 사례 검토: 자기결정의 예로서 마크의 사례를 공유하고 그가 어떻게 자기결정성을 가지게 되었는지 이야기한다.

1. 배경 정보: 마크는 부끄러움을 타는 성격이다. 16세이며, 성적은 C가 대부분이고 B 조금, 가끔은 D를 받는 2학년 학생이다. 그는 수학 과 과학 학습에 어려움이 있고, 언어 과목에서는 약간 나은 수준을 보인다. 그는 산업 미술과 수작업을 좋아한다. 마크는 지난 학기에 운전 교육을 이수하였고, 어머니께서 시험 등록을 해 주시는 대로 바로 운전면허 시험에 응시하고 싶어 한다. 그는 스포츠를 좋아하지만 공식적인 스포츠 팀에 소속되기보다는 길거리 농구를 즐긴다. 또한 그는 스포츠 관련 자료와 미스터리 관련 글 읽기를 좋아한다. 현재 같은 반 소녀 한 명을 마음에 두고 있는데, 그녀는 마크가 자신을 좋아한다는 것을 모른다. 그는 유머감각이 있지만 다른 이들과는 거의 공유하지 않는다. 어머니, 형, 여동생과 함께 살고 있다.

2. 자기결정적인 사람이 되려는 마크의 노력을 검토한다.

(이 내용을 다루는 동안 부록의 자기결정성 모델을 보며 검토할 것)

* 자신과 자신을 둘러싼 환경에 대해서 알기. 마크는 스스로가 운전면허 시험에 응시하고 싶어 한다는 사실과 본인의 성격이 부끄러움이 많아서 모르는 사람에게 전화를 해서 약속을 잡는 것이

어렵다는 것을 알고 있다.

* 자신의 가치 알기. 수줍은 성격에도 불구하고 그는, 어머니가 시험 접수를 해 줄 때까지 기다리기를 원치 않았다. 마크에게 운전면허 시험에 응시하는 것은 가능한 한 빨리 해야 하는 매우 중요한 일이다.
* 계획하기. 마크는 어머니와 이야기를 나누고 시험에 응시하기 위해 함께 가줄 수 있는 시간을 확인하기로 계획했다. 그 후 전화를 하여 약속을 잡을 것이다.
* 실행하기. 마크는 계획을 실천에 옮겼다. 그가 시험에 응시할 때 어머니가 동행해 줄 수 있는 정확한 날짜와 시간을 알아보았다. 어머니는 여동생을 돌보느라 시간을 자유롭게 낼 수 없었다. 따라서 마크는 자신이 운전면허 시험을 보는 동안 형에게 여동생을 돌보아 줄 수 있는지를 물어보았고 어머니와 상의한 시간 중 형이 여동생을 돌보아 줄 수 있는 시간이 있었다. 그는 전화를 걸어 시험 접수를 하였다.
* 성과를 경험하고 학습하기. 마크는 스스로 시험에 접수하는 경험을 통해 자신의 일을 보다 시기적절하게 처리하고, 삶에서 더 큰 통제력을 발휘할 수 있음을 배웠다. 또한 여전히 어렵기는 해도 모르는 사람에게 전화를 하는 것이 조금 더 쉬워졌다.

IV. 자기인식 활동 소개

A. 학생과 멘토는 각각 '내가 보는 나'와 '내가 보는 너' 활동지를 완성한다.

1. 완성한 '내가 보는 나' 활동지를 집단 내 다른 학생들과 공유한다.
2. 학생과 멘토에게 각각 '내가 보는 나(학생)' '내가 보는 너(멘토)' 활동지를 수행하도록 한다.

a. '내가 보는 나' 활동지에서, 학생들은 다섯 개 영역에서 개인적인 강점 두 가지와 약점 한 가지를 확인하게 될 것이다: (a) 신체적 영역: 직업과 여가생활에서 근육과 신체를 사용하는 방식, (b) 정신

적 영역: 생각하는 방식과 문제를 해결하는 방식, (c) 정서적 영역: 대상에 대하여 느끼는 감정과 이 감정이 도움을 주는지 혹은 상처를 주는지의 여부, (d) 사회적 영역: 다른 사람들과 관계를 맺는 방식, (e) 신념: 삶에 대한 믿음.

b. 수업에서 학생들과 짝이 된 멘토들은 '내가 보는 너' 활동지를 완성한다. 이 활동지에서 멘토는 다섯 가지 영역 중 그들이 지원하는 학생의 자기결정성을 증진시킬 수 있는 두 가지 강점을 적게 된다. 주목할 점은 멘토는 약점이 아니라 강점을 판별하여 학생을 지원한다는 것이다.

3. 학생과 멘토가 독립적으로 활동지를 작성한다.

B. 학생과 멘토가 활동지 내용을 토론한다.

1. 학생과 멘토가 짝을 지어 활동지 작성 내용에 관해 토론한다. 그들은 둘의 응답이 어떤 점에서 일치하였고, 또 어떤 점에서 일치하지 않는가에 대하여 이야기를 나눈다. 불일치하는 점에 대해서, 학생은 멘토에게 스스로를 왜 그런 방식으로 생각하는지 이유를 설명한다. 교사는 멘토로 하여금 학생들이 스스로를 다른 방식으로 보는 이유를 이해하도록 격려하고, 또 그 점에 대해 논쟁하지 않는 것이 중요함을 강조해야 한다. 그들이 서로의 의견에 동의했는지 여부는 중요치 않다. 이 토론의 목표는 멘토에게는 이해를, 학생에게는 이해받는 감정을 증진시키는 것이다.

2. 학생과 멘토는 토론을 수행한다.

3. 학생과 멘토가 짝을 이루어 활동하는 동안, 학생들이 그들의 멘토에게 어떤 강점과 약점이 결합하여 한 인간으로서 그들을 나타내는지 설명하도록 한다. 멘토는 학생의 말을 잘 이해하기 위해 경청하되, 논평이나 지적을 해서는 안 되며, 학생이 표현한 것을 기록한다.

C. 대집단 토의 활동

1. 학생과 멘토가 짝을 지어 활동을 한 이후에, 그들의 경험을 대집단에서 공유한다. 다음은 활발한 토의를 위해 사용할 수 있는 질문들

이다.

a. 강점을 바라보는 방식에 있어서 의미 있는 차이가 있었나요?

b. 어떤 영역의 강점과 약점을 묘사하는 것이 다른 영역에 비해서 쉬웠나요?

c. 활동지 답변 내용이 전체적으로 어떻게 조화되어 당신을 설명하나요?

2. 집단에서 사용한 답변 내용을 사용하여 토론을 이끌되, 유사한 영역을 강조한다.

D. 학생들은 '이상적인 나' 활동지를 완성한다.

1. 교사는 완성된 '이상적인 나' 활동지를 공유하여 작성방법을 제시한다.

2. 학생들이 활동지 '이상적인 나'를 완성한다. 이 작업을 통해 학생들은 앞의 활동에서 판별된 각 다섯 영역(신체, 정신, 정서, 사회, 신념 영역)에서 이상적인 모습(그들이 진정으로 되고 싶은 모습)을 확인한다. 활동지는 학생들 스스로 완성해야 한다. 성인이 도울 수는 있지만, 정답을 제안해서는 안 된다.

E. 마크가 완성한 활동지를 검토하고 그의 이상적인 모습이 어떻게 이미 현재 모습의 일부로 자리 잡고 있는지 알아본다. '이상적인 나' 활동지에 대한 마크의 응답이 적힌 OHP(부록: 마크의 이상적인 자아)를 검토한다. 파트 2 슬라이드를 마크의 '이상적인 자아' 슬라이드에 겹쳐서 제시한 후(표의 심볼을 각 시트의 왼쪽 아래 코너에 맞추면 된다), 마크가 이상적인 특징들을 이미 일정 부분 이상 갖추고 있음을 설명한다.

F. 학생과 멘토가 이상적 모습과 현재 모습에 관한 토의를 하도록 촉진한다. 어떻게 그들의 이상적인 모습이 이미 지금 그들에게서 분명히 보이는지에 대해 토의한다.

G. 대집단 토의를 촉진한다. 대집단으로 모여 학생들에게 그들 안에 있는 이상적인 부분을 인식하는 것이 어떤 느낌인지 이야기하도록 한다. 토의를 이끌면서 학생과 멘토가 말하는 내용을 명확화하고 다른 말로 바

꾸어 설명하여 이해를 돕는다.

V. 자기 수용 활동 소개

A. 마크의 사례를 제시한다: 마크의 모델(부록: 마크의 약점과 숨겨진 강점)을 제시하고, 학생들이 마크가 생각했던 약점들을 살펴봄과 동시에, 그가 이러한 약점을 잘 다룸으로써 발달시킨 강점을 판별한다.

B. 약점 안에 숨겨진 강점에 대해 토의하기: 학생들로 하여금 마크가 그의 약점들에서 발견한 숨겨진 강점을 이해하도록 돕는다. 숨겨진 강점은 지각된 약점을 강점으로 사용하거나, 약점을 보상할 수 있는 강점을 개발하는 동기로 사용하는 것도 포함한다. 토의를 통해 다음의 요점을 끌어내야 한다.

1. 우리 모두는 약점을 가지고 있다. 그것은 강점과 마찬가지로 우리 자신을 구성하고 있는 한 부분이다.
2. 우리가 바꿀 수 없는 몇몇 약점들이 있지만, 이것을 어떻게 다룰지는 결정할 수 있다. 우리는 항상 긍정적인 방법으로 지각된 약점을 다룸으로 더욱 강하게 성장할 수 있다. 만화 슬라이드(부록: 그림 2, 3)를 사용하여 토론을 촉진하고 핵심을 설명할 수 있다.

C. 학생은 '자기 수용' 활동지를 완성하고 멘토와 토론한다: 학생은 '자기 수용' 활동지를 완성한다. (a) '내가 보는 나' 활동지 응답을 통해 나타난 자신의 약점에 대해 파트너와 토론하기, (b) 약점의 결과로 나타날 수 있는 숨겨진 강점 찾기. 교사의 '자기 수용' 활동지를 예시로 사용한다.

D. 대집단 토의 촉진: 대집단 안에서 학생들이 숨겨진 강점에 대해 배운 것을 공유하도록 한다.

VI. 권리와 책임 활동 전개

A. 권리와 책임 개념을 검토한다(부록: 권리와 책임이란 무엇인가?).

1. 집단 안에서 권리와 책임 개념을 검토한다.

a. 권리란 우리에게 자격이 주어진 것들을 일컫는 말이다. 권리는 헌법(Constitutions)과 권리장전(Bill of Rights), 그리고 법률 조항을

통해 사회적으로 정의된다. 권리는 또한 사람들 사이에 서면으로 된 규칙이나 관습법으로 정의되기도 한다.

b. 책임은 우리의 의무와 관련하여 사회가 우리에게 기대하는 것과 우리가 책임을 져야 할 것들이다. 예를 들어, 우리는 사회에서 권리를 행사하고 후속결과를 받아들일 책임이 있다. 책임은 사회적으로, 대중에 의해, 그리고 우리 스스로에 의해 정의된다. 사회는 법을 통해, 대중은 규칙을 통해 책임을 정의한다. 책임은 문서화된 것일 수도 있고 아닐 수도 있다. 책임이 꼭 의무일 필요는 없다. 예를 들어, 우리는 직장에서 초과근무를 함으로써 추가적인 책임을 지지만 이는 우리가 원하는 특별한 것을 사기 위함이지 의무는 아닐 수 있다.

2. 집단별로 권리와 책임에 관한 몇 가지 예를 제시하도록 한다.

B. 학생들은 소집단에서 권리와 책임 활동지를 완성한다: 권리와 책임 활동지를 소개한다. 활동지는 4개의 시나리오로 구성되어 있으며, 학생들은 다음의 질문에 대답을 해야 한다.

- 이 상황에서 각자의 권리는 무엇인가?
- 이 상황에서 각자의 책임은 무엇인가?
- 각 상황에서 어떤 방식으로 핵심 인물이 책임을 가정함으로써 긍정적인 결과가 나타날 가능성을 증가시킬 수 있는가?

참가자들은 소집단에서 이 활동을 완성한다. 독립성을 촉진하기 위하여 학생은 멘토와 같은 집단에 속해서는 안 된다.

C. 대집단 토의를 촉진한다: 대집단 내에서 시나리오와 활동지 응답들을 토의한다. 자기결정적인 사람이 되기 위해서는 우리의 행동, 느낌, 삶에 대한 책임감을 강조하는 것이 매우 중요함을 강조한다.

VII. 가족과 친구들로부터 받을 수 있는 지원을 찾고, 다른 사람의 자기결정 지원하기 활동 전개

A. 학생들은 한 집단에 모여서 '자기결정을 위한 지원 찾기' 활동지를 완성한다: 멘토는 다른 그룹에서 '자기결정 지원하기' 활동지를 완성

한다.

1. 이 활동을 위해, 학생들의 집단과 멘토들의 집단을 구성한다. 교수자는 각 집단에 촉진을 제공한다. 집단은 동그랗게 앉는다. 촉진자들은 차트에 집단이 제시한 주요사항을 받아 적는다.
2. 학생들은 '자기결정을 위한 지원 찾기' 활동지에서 다음과 같은 질문을 받는다.
   a. 당신이 좀 더 자기결정성이 있는 사람이 된다면 부모나 친구와의 관계가 어떻게 변화할 것이라고 생각하는가?
   b. 당신의 부모나 친구로부터 어떤 지원을 받을 때 당신이 더 자기결정성이 있는 사람이 될 것이라고 생각하는가?
   c. 그런 지원을 찾기 위해 무엇을 할 것인가?
3. 멘토들도 그들의 관점에서 같은 질문에 응답한다.
   a. 당신의 딸, 아들, 친구가 더욱 자기결정성이 있는 사람이 된다면 그들과의 관계가 어떻게 변할 것이라고 생각하는가?
   b. 당신의 아들이나 딸, 혹은 친구가 자기결정성을 기르기 위해 노력한다면 당신은 어떻게 이들을 지원할 것인가?

B. 대그룹 토의 촉진: 학생 집단과 멘토 집단이 함께 모여 제시된 질문에 각 집단이 어떻게 응답했는지 경청한다.

Ⅷ. 정리

A. 모든 참여자(부모와 친구, 교사 포함)는 수업에서 배운 중요한 점을 각각 3~4개 정도 적는다.

B. 대집단에서 내용 공유하기: 참여자들은 본인이 생각한 중요한 내용을 집단원들과 공유한다. 교사 역시 수업을 통해 배운 점을 공유한다.

C. 남은 16회기의 주제와 지원 요구를 검토한다: 학생, 멘토와 함께 남은 16회기의 일정을 공유하고 자기결정성을 교수하는 데 있어서 각 회기의 주제가 앞선 회기와 어떻게 관련이 되는지 검토한다(부록: 자기결정성 단계: 회기 주제와 지원 제안). 관련 내용은 학습자료를 복사하여 유인물을 제작할 수 있다. 전체 교육과정을 통틀어 계속적으로 멘토가 학

생을 지원해야 함을 언급한다.

D. 다음 회기 소개 및 전체 참가자에게 감사 전달: 간단하게 다음 회기(가능성을 여는 꿈꾸기)를 소개하고 참가자 질문에 답변한다. 수업 이후에 질문이 생기면 교사에게 연락하도록 격려한다.

지도상 유의점 및 기타 활동

자기결정성 증진 프로그램의 워크숍 회기 진행을 위한 제안점은 다음과 같다.

1. 휴식시간에 먹을 간식에 관한 계획을 학생들이 직접 세우도록 한다. 필요한 간식이 학생들에 의해 수차례 조달된 학교가 있었다(조리된 음식, 한 학생의 부모님이 일하시는 과수원에서 수확한 포도, 충분한 양의 탄산음료 등). 이후에 발견한 사실은, 학생들은 그들이 먹고 싶은 음식을 결정하고 그것을 살지, 혹은 직접 만들지도 결정한다는 것이다. 학생들은 일주일간 학교의 재활용 프로그램을 맡아서 음식을 살 돈을 마련하였는데, 이는 학생들이 수업에 대한 주인의식과 열정을 가지게 하였으며 자기결정적인 사람이 되는데 있어서 훌륭한 첫 번째 실천이었다.
2. 한 교사는 수업이 있는 토요일 아침이면 전체 학생과 멘토에게 모닝콜을 함으로써 모든 참가자가 반드시 수업에 참석하도록 하였다. 이는 연락망이나 또래 지원 활동의 형태로도 변경되어 적용될 수 있다.
3. 두 교사는 수업 기간 동안에 자신의 부모님을 멘토로 초대함으로써 협력학습자 역할을 진지하게 수행했다. 학생들은 교사의 부모님을 진정으로 만나보고 싶어 했으며 이는 훌륭한 모델링 활동이었다. 또 다른 이점으로 교사의 부모 가운데 학교세(school tax)를 몇 년 동안 인정하지 않던 사람들이 이 수업에 참여한 이후 다음 선거에서 호의적인 동의표를 던졌다.
4. 수업에서 제공되는 식사를 더욱 특별하게 만들기 위해서, 한 교사는 레이스 식탁보와 촛불을 사용했다.

5. 교육과정을 교사 한 명이 운영한다면 수업 중에 교수를 위한 지원이 필요하다. 이 경우에는 이 교육과정을 사용하는 다른 교사와 팀티칭을 하고 이후 소집단으로 나누어 활동하는 것이 좋다. 한 학군에서는 자기결정성 증진 프로그램을 사용하는 두 학교가 있었는데 교사들은 수업 회기를 공동으로 진행하였다. 교사와 부모들은 학교에 따라 색상이 다른 이름표를 붙이고 자신의 집단에 참여하였다. 대집단 수준에서 활동을 소개하고, 그 후 각 교사는 자신이 소속된 소집단과 활동하였다. 이로써 한 명의 교사가 가르쳐야 할 활동의 수를 줄일 수 있었고 학생들과 부모로 하여금 그들이 대규모의 흥미로운 노력의 한 부분으로 참여하고 있다는 느낌을 갖게 하였다. 또한 이는 학교와 교사 간에 의사소통을 원활히 하도록 도왔다.
6. 직업재활(Vocational Rehabilitation) 상담가 혹은 다른 성인기 서비스를 제공하는 전문가를 수업에 초대한다. 한 수업에서 직업재활(VR) 상담가는 한 학생의 멘토로 활동하였을 뿐만 아니라, 학생들에게 이용 가능한 직업재활 서비스를 간단하게 제시하였다. 수업 참여는 직업재활 상담가들로 하여금 학교에서의 이슈를 보다 잘 알 수 있도록 해 주었고, 학생들을 알아가는 기회를 제공하였다.
7. 멘토가 필요하다면, 학교나 중앙 행정 담당 직원에게 스태프 지원을 해 줄 것을 요청한다. 교육과정 동안 한 학생의 멘토를 담당하거나 소집단 촉진자로 활동하는 것은 행정 직원에게 시간 제한적이기는 하나, 학생들과 상호작용할 수 있는 긍정적이고 주도적인 기회를 제공한다.
8. 만약 수업 가운데 자기결정성 증진 프로그램 비디오를 시청하지 않은 멘토가 포함되어 있다면, 개념을 소개할 때 비디오를 보여주는 것이 좋다. 만약 학생들이 오리엔테이션의 한 부분으로 이미 그 비디오를 보았다면, 학생들이 그 비디오의 내용을 소개할 수도 있다.
9. 일회적인 연수가 아니라 정기적인 수업의 형태로 진행하기로 했다면, 활동들은 대략 다음의 방법대로 1시간 정도 나누어서 진행할 수 있다.
   - Part 1: Ⅰ. 수업 소개, Ⅱ. 서로에 대해 알기, Ⅲ. 자기결정성 모델 개관
   - Part 2: Ⅳ. 자기 인식 활동 전개

- Part 3: V. 자기 수용 활동 전개
- Part 4: VI. 권리와 책임에 관한 활동 전개
- Part 5: VII. 가족과 친구들로부터 받을 수 있는 지원을 찾고, 다른 사람의 자기결정 지원하기 활동 전개

10. 추가적인 자기 인식의 활동을 위해서, 참여자들에게 과자가 든 가방을 돌린다. 과자를 먹기 위해서는 자신에 대한 한 가지 이야기를 다른 사람에게 해야 한다.
11. 또 다른 자기 인식 활동은 각 학생의 등에 마분지를 한 장씩 붙이는 것이다. 수성펜을 사용하여 각 학생의 장점을 마분지 위에 한 가지씩 쓰도록 한다.
12. 대안적인 활동으로 학생들에게 교실에 있는 다른 학생에 대해 좋아하는 점 한 가지에 관한 개인적인 쪽지를 쓰도록 한다.
13. 자기 인식 활동으로서, 학생들이 되고 싶은 동물로 자신을 묘사하도록 한다. 어떤 특징이 그들을 매료시켰는가? 이런 특징들이 그들의 강점과 약점에 관해 무엇을 말해주는가?
14. 자기 인식 활동으로서, 학생들이 이력서(resume)를 쓰도록 한다. 이력서 쓰기 활동을 통해서 학생들이 그들의 강점, 약점, 욕구, 선호에 대한 지식을 발전시키도록 한다.
15. 자기결정성 모델을 보여주고, 학생들이 그 모델을 따라서 교사가 말하는 것을 채워 넣도록 한다.
16. 권리와 책임에 관한 시나리오를 토의할 때, 학생들로 하여금 역할극을 하도록 하여 상황을 해결할 수 있는 여러 가지 방법을 묘사하도록 한다.
17. 자기 인식 활동으로, 학생들이 좋아하는 것들을 단어 콜라주(collage)로 만들도록 한다.
18. 만약 부모들이 수업에 오지 않는다면, 가정통신문을 발송하여 수업 활동을 설명하고 그들의 딸과 아들이 무엇을 배웠는지 알려준다.
19. 추첨을 통한 상(door prizes)을 제공하여 수업의 분위기를 바꿀 수 있다. 한 교사는 지역 상인들이 기부(contributions)하고 싶어 한다는 것을 알게 되었

고, 한 은행은 대상(grand prize)으로 50달러를 제공했다.

20. Langston Hughes가 쓴 〈Dreams〉라는 시를 통해 자기결정성에 관한 토론의 출발점을 제공할 수 있다.

Dreams[1]	꿈
Hold fast to dreams	꿈을 꽉 붙들어요
For if dreams die	꿈이 사라지면
Life is a broken-winged bird	산다는 게 날개 부러진 새와 같아
That cannot fly.	날 수가 없으니까요.
Hold fast to dreams	꿈을 꽉 붙들어요
For when dreams go	꿈이 사라지면
Life is a barren field	산다는 게 눈으로 꽁꽁 얼어붙은
Frozen with snow	메마른 들판 같으니까요

1) from *The Collected Poems of Langston Hughes*, by Langston Hughes, 1994. Copyright 1994 by The Estate of Langston hughes. Used by permission of Alfred A. Knopf, a division of Random House, Inc.

생각 보태기

Session 1

가능성을 여는 꿈꾸기

학습목표

1회기에서, 학생들은 다음과 같은 목표를 성취할 수 있다.

1. 학생들은 자신이 무엇을 원하는지 결정하는 데 있어 꿈이 어떻게 도움이 될 수 있는지 진술할 수 있다.
2. 학생들은 자신의 꿈 중 일부를 확인하고 말로 표현할 수 있다.
3. 자기주장적 경청 기술을 발휘할 수 있다.

준비

수업 준비사항은 다음과 같다.

1. 수업 내용과 자료를 살펴보고 익숙해지도록 한다. '꿈, 꿈, 꿈(Dream, Dream, Dream)……' 활동지를 스스로 완성하고, 자신의 이야기를 첨가하도록 한다.

2. 필요하다면 복사용 활동지를 OHTs나 파워포인트 슬라이드로 만들도록 한다.
3. "크리산 이야기"를 소리 내어 읽는 연습을 한다.

학습자료 및 교구

본 수업에는 OHP나 컴퓨터, LCD 프로젝터가 필요하다.

개관

1회기에 대한 개관은 다음과 같다.

Ⅰ. 수업 소개(5분)
   A. 자기결정의 개념과 자기결정에 있어 꿈의 중요성을 살펴보기(부록: 그림 4).
   B. 학습순서 살펴보기(부록: 가능성을 여는 꿈꾸기(Dreaming To Open Possibilities) 학습순서)

Ⅱ. 꿈의 중요성 논의: "크리산 이야기"(20분)
   A. 이야기 읽기
   B. 토론 진행하기

Ⅲ. "꿈, 꿈, 꿈……" 활동 발표(25분)
   A. '꿈, 꿈, 꿈……' 활동지 완성하기
   B. 자신의 꿈에 대해 이야기 나누고, 자기주장적 경청 기술 연습하기(부록: 자기주장적 경청(Active Listening))

Ⅳ. 정리(5분)
   A. 스스로에 대해 무엇을 알게 되었는지 이야기하기

B. 다음 회기 소개하기

내용

1회기의 구체적인 절차에 대한 개요는 다음과 같다.

Ⅰ. 수업 소개

A. 자기결정의 개념 살펴보기(부록: 그림 4)

1. 학생들이 자기결정에 대한 워크숍 회기를 회상하도록 한다. 그리고 자기결정성을 갖는다는 것이 무엇을 의미하는지에 대해 지난 회기에서 배운 내용을 물어본다. 학생들의 이야기를 들을 때, 핵심적 내용을 명료화하고 요약한다. 자기결정은 성인에게조차도 많은 노력과 집중을 요하는 생애 학습 과정임을 강조하도록 한다.
2. 좀 더 자기결정성을 갖기 위해 가장 중요한 단계 중 하나가 우리가 무엇이 중요한지 발견할 수 있도록 꿈을 꾸는 것임을 설명한다. 우리에게 무엇이 중요한지를 알아가는 방법 중 하나는 우리가 꿈꾼 것에 대해 이해하는 것이다. 꿈은 우리에게 무엇이 중요한지, 그리고 우리가 하고 싶거나 되고 싶은 것이 무엇인지에 대한 깨달음을 줄 수 있다(부록: 그림 4).

B. 학습순서 살펴보기(부록: 가능성을 여는 꿈꾸기 학습순서)

Ⅱ. 꿈의 중요성에 대한 논의: "크리산 이야기"

A. 이야기 읽기: 적절한 억양과 강조를 사용하여 "크리산 이야기"를 소리 내어 읽는다. 읽기보다는 말하듯이 창의적으로 이야기를 전달하도록 한다.

B. 토론 진행하기

1. 이야기에 대해 토론을 한다. 다음과 같은 질문들을 한다.

a. 이야기의 초반부에서 크리산의 꿈은 무엇이었나요?

b. 그 꿈의 어떤 부분이 실현되었나요?
c. 그 꿈은 그녀에게 중요한 것이 무엇인지 알려 주었나요?
d. 그녀는 자신에게 중요한 것들을 실현하기 위해 무엇을 해야 했나요?
e. 왜 꿈이 중요한가요?

2. 토론을 진행할 때, 학생들 사이에서 나온 생각들을 명료화하고 요약한다. 다음의 핵심내용을 이끌어 내도록 한다.
   a. 꿈은 우리가 무엇을 원하는지, 그리고 우리에게 무엇이 중요한지에 대해 중요한 정보를 제공할 수 있다.
   b. 꿈이 우리가 바라는 그대로 실현되는 것은 별로 중요하지 않다. 중요한 것은 꿈을 통해 스스로에 대해 알게 되고, 중요한 목표를 설정하기 위해 정보를 사용하는 것이다.

III. "꿈, 꿈, 꿈……" 활동 발표

A. '꿈, 꿈, 꿈……' 활동지 완성하기

1. 학생들이 자신의 꿈 중 일부를 떠올리게 하고, '꿈, 꿈, 꿈……' 활동지의 첫 번째 부분을 완성하도록 한다. 학생들이 생생하고 포괄적으로 생각하도록 격려한다.
2. 교사는 수업 전에 활동지를 완성하여, 활동지를 완성하기 위한 모델로서 예시를 제공할 수 있다. 세세하고 생생한 예시를 제공해 주도록 한다.

B. 학생들의 꿈을 공유하고, 자기주장적 경청 기술 연습하기

1. 학생들이 학급에서 자신의 꿈에 대해 짝과 이야기를 나누도록 한다. 이러한 활동의 목적은 (a) 꿈을 더 잘 이해하고, (b) 자기주장적 경청 기술을 발전시키기 위한 것이다.
2. 자기주장적 경청의 원리를 설명한다(부록: 자기주장적 경청).
   a. 다른 사람이 말할 때 주의 깊게 듣는다.
   b. 들은 것에 대해 추가적인 정보를 얻을 수 있도록 명료화 질문을 한다.

c. 말하는 이에게 무엇을 들었는지 진술한다. 이를 통해 잘못 이해한 것을 바로 잡고, 서로 이해했음을 확인할 수 있다.

d. 말하는 이의 꿈 혹은 의견을 공격하는 질문이나 진술을 하지 않도록 한다.

3. 학생들이 활동을 시작하기 전에 교사는 자신의 활동지 예시들을 사용하여, 꿈을 공유하고 이해하기 위해 자기주장적 경청 기술을 사용하는 방법을 모델링한다.

4. 학생들은 자기주장적 경청 기술을 사용하여 서로에게 자신의 꿈을 이야기한다.

5. 자기주장적 경청의 효과에 대해 토론하도록 한다. 학생들에게 무엇을 들었는지 질문하고 진술하는 것이 그 꿈을 이해하는 데 도움이 되었는지 물어본다. 학생들이 자신의 꿈에 대해 모든 학생 앞에서 이야기하도록 한다.

IV. 정리

A. 학생들이 자신의 꿈을 생각함으로써 스스로에 대해 무엇을 알게 되었는지 물어보기

B. 다음 회기 소개하기: 다음 회기에서는 학생들이 자신에게 정말로 중요한 것을 결정하기 위해 자신의 꿈을 사용하는 방법을 배울 것임을 설명한다.

크리산 이야기

1900년대 초반 미시시피 강 상류 근처에 크리산이라는 소녀가 크고 우거진 숲을 걷고 있었다. 그녀는 부끄럼 많고, 탄탄한 체격을 가진 14세 소녀였다. 그녀의 친구는 그녀가 찬양하는 아름다운 나무들과, 그곳에 사는 동물들, 그리고 충분한 햇빛을 받기 위해 쭉 뻗은 나뭇가지 아래에서 분투하고 있는 식물들이었다. 여기서 크리산은 평화로움과 고독함을 알게 되었고, 사물들이 어떻게 존재하는지에 대해 꿈꾸었다.

어느 화창한 여름날, 크리산이 좋아하는 작은 숲길을 거닐고 있을 때 그녀는 당당하고 강한 모습을 가진 나무들의 높이와 너비를 보았다. 그녀의 머리 한참 위로 뻗어 있는 나뭇가지들은 바람 속에서 부드럽게 움직였고, 솔잎을 지나는 공기는 그녀의 귀에 음악을 들려주었다. 이 경험은 그녀를 행복으로 채워 주었다. 그녀는 이러한 느낌이 오래 지속되지 않을 것임을 알았고, 그들은 절대 그렇지 않았다. 곧 그녀는 도시로 돌아갈 것이고 다시 외로움을 느낄 것이다.

크리산은 언제나 그 자리에 있었던 유난히 큰 나무 하나가 오늘은 더욱 특별하게 느껴짐을 깨달았다. 그녀는 거대한 나무줄기 너머를 응시하였지만, 나무의 꼭대기는 볼 수 없었다. 그 솔잎들은 모든 나무들 중 가장 아름다운 음악을 만드는 것처럼 보였다. 그녀는 두껍고 거친 나무껍질을 느끼며 나무 주변을 걸었다. 나무의 크기가 그림자 안으로 그녀를 조그맣게 보이도록 만들면서 시간이 흘렀다. 그녀는 나무의 아름다움에 매혹되어 그것을 껴안고 이렇게 말하였다. "넌 내가 이제껏 본 나무들 중 가장 아름다워. 난 너의 강함과 너와 같은 성격을 가질 수 있었으면 좋겠어. 그리고 네가 음악을 만들 때만큼 행복해지고 싶어."

그녀는 오래전 나무에서 떨어진 오래된 솔잎들이 만든 부드러운 땅 위에 앉았다. 그녀가 아름다움을 들이마시고 있을 때 "고마워. 그리고 나는 너 역시 아주 특별하다고 생각해."라는 목소리를 들었다.

크리산은 깜짝 놀랐다. 그녀는 일어나서 주변을 둘러보았다. 아무도 발견하지 못한 그녀는 나무 건너편에 누군가 있는지 확인해 보려고 나무를 돌았다. 다시 돌아왔을 때, 그녀는 어리둥절하였다. 그때 그녀는 "넌 내가 말할 수 있다는 것을 알고 놀라는구나." 하는 목소리를 들었다.

"정말 난 그래." 크리산은 말했다. "나는 나무가 말할 수 있는지 몰랐어."

"우리가 말하는 것을 들을 수 있는 사람에게만, 그리고 너는 항상 우리의 음악을 듣고 우리의 아름다움을 인정했잖아."라고 나무는 말했다.

크리산은 대답했다. "음, 나는 내가 너처럼 당당하고 강할 수 있기를 언제나 바라왔어. 나는 항상 너와 같은 좋은 친구들과 함께하고 싶어. 나는 행복하고 진심으로 만족할 거야."

나무는 대꾸하였다. "오, 좋아. 그렇지만 삶에는 그것보다 더 많은 것이 있어. 사실 난 점점 늙어가고 있고, 죽기 시작했어. 나는 어느 날 내가 나의 숲을 위해 사용되기를 꿈꿔왔어. 그리고 바라건대, 이 숲보다 더 많은 세계를 볼 수 있는 일을 할 수 있었으면 해. 그것은 내게 새로운 목적을 줄 것이고, 나를 더 오래 살게 하며, 우리가 죽을 때 나무들에게 일어나는 끔찍한 부패를 피할 수 있게 할 거야."

"오, 저런." 크리산은 말했다. "난 그런 줄 몰랐어. 나 역시 꿈을 가지고 있지." 나무는 그녀의 꿈에 대해 이야기해 달라고 말했다. 그녀는 대답했다. "나는 언제나 많은 친구들을 원했어. 그렇지만 나는 그러기에는 너무 부끄러움이 많아. 나는 아름다운 옷을 사고, 근사한 무도회장에 가서 춤추고, 아침이 밝아올 때까지 만찬을 하고 싶어. 그러나 나는 내 꿈이 실현될 수 있을 거라고 생각하지 않아."

나무는 말했다. "멋진 꿈이야. 그리고 그건 실현될 수 있을 거야. 언젠가 아마도 내 꿈은 이루어질 것이야. 그렇지만 나는 숲에서 여기에 있는 나를 아무도 발견하지 못할까 봐 두려워." 오랜 침묵 뒤에 나무는 크리산에게 말했다. "내가 너에게 제안 하나 할게. 아마도 우리는 우리 둘의 꿈을 이룰 수 있는 일을 할 수 있을지 몰라. 너는 나를 베어서 나를 가지고 배를 만든 다음, 우리는 함께 미시시피강을 타고 내려갈 수 있을 거야. 우리가 뉴올리언스에 도착하면, 너는 나를 팔아서 그 돈으로 아름다운 옷을 사고 무도회장에 갈 수 있을 거야. 나는 아름다운 배의 캡틴을 무도회장으로 데려가고 싶어 하는 많은 남자들이 있을 거라고 확신해."

"오, 나는 너를 가지고 아름다운 배를 만들 수 있을 거라고 생각하지 않아. 그건 너무 어려워." 크리산은 울었다.

그러나 나무는 공상하는 것을 멈추지 않았다. 그리고 말했다. "네가 실현시키려고 하지 않는다면 꿈은 절대 이루어지지 않을 거야."

크리산은 잠시 동안 그것에 대해 생각했다. 그리고 그녀는 자신이 배를 만드는 방법을 모른다고 말했다. 나무는 그녀에게 걱정하지 말라고 말하며, 무엇을 해야 할지 알려주겠다고 약속했다. 크리산은 좀 더 생각한 다음 말했다. "좋아, 한 번 해보자!"

크리산은 아버지, 삼촌 그리고 할아버지로부터 장비를 빌리고, 배 만드는 법에 대한 책들을 도서관에서 골랐다. 그녀는 나무 아래에 앉아 그것들을 읽었다. 곧 그녀는 배를 만들기 시작할 준비가 되었지만, 그 작업은 여기서 더 이상 진행되지 않았다. 그녀는 이 거대한 나무를 벨 필요가 있다는 것을 깨달았지만 그녀는 이것을 혼자서 할 수 없었다. 나무는 그녀를 격려하며 말했다. "때로 우리는 우리가 원하는 다른 것을 얻기 위해 어떤 일들을 포기해야만 해. 위험에 대한 주의 깊은 생각은 종종 따라갈 새로운 길을 만들지."

이 말과 함께, 크리산은 나무를 벨 준비를 하였다. 그녀는 날을 나무에 놓고 그녀 쪽으로 그것을 당겨서 작은 칼집을 냈다. 그녀는 칼질을 멈추고는 아픈지 물었다. 나무는 말했다. "아니야, 배가 되어 뉴올리언스를 여행하는 꿈만 생각하면 이겨낼 수 있어.” 그래서 그녀는 계속해서 베었다. 마침내 그녀가 마쳤을 때, 나무는 그녀가 원하는 곳에 정확히 넘어졌다. 이제 배를 만들기 시작할 시간이었다.

나무의 도움으로 크리산이 배를 만드는 데에는 4년이라는 시간이 걸렸다. 그러나 결국은 견고한 돛대와 길고 부드러운 선을 가진 배가 완성되었다. 배는 아름다웠다.

새로운 문제가 발생했다. 크리산은 어떻게 이 배를 강으로 가져가서 여행을 시작할 수 있을까? 나무와 소녀는 그것에 대해 이야기하였고, 몇 개의 작은 나무를 베어서 그것을 배 아래에 놓고 강까지 굴리기로 결정하였다. 이렇게 하여 여행은 시작되었다. 크리산은 탄탄한 몸을 가졌지만 힘이 아주 세지는 않았다. 그녀가 이 무거운 배를 시골 마을에 걸쳐 미는 중에 부딪힌 어려움을 충분히 상상할 수 있을 것이다. 그녀는 온 힘을 다했다. 오르막에서는 하루에 겨우 1피트만 움직일 수 있었고, 내리막에서는 배를 피하거나 뛰어가는 것이 크리산의 과제였다.

몇 달 후에, 소녀와 그녀의 배는 작은 언덕의 꼭대기에 도착했다. 거기서 그들은 강을 볼 수 있었다. 그들은 미시시피강 상류 근처에 있었기 때문에 여기의 강은 작았다. 이것은 그들이 서로를 격려하고 축하하는 데 문제가 되지 않았다. 마지막으로 배를 밀자 물을 튀기며 강으로 들어갔다. 크리산은 힘든 여행 동안 배에 쌓인 먼지들을 닦아 내었지만, 움푹 패이고, 긁히고, 튀어나온 부분들을 손볼 수는 없었다. 긁히거나 움푹 패인 모습은 그녀를 슬프게 하였고, 훌륭한 마감을 손상한 것에 대해 나무에게 사과하였다. 배는 대답했다. “중요한 것은 네가 어떻게 보이는가가 아니라 너 스스로에 대해 어떻게 느끼는가야. 그리고 나는 아주 기분이 좋아!”

그들은 함께 강 아래쪽으로 나아가기 시작하였다. 크리산과 나무는 부드럽게 물살을 타면서 햇볕을 쬐었다. 며칠 후에, 크리산은 강에 있는 작은 마을인 리버톤에 있는 부두로 배를 몰았다. 그들이 밤 사이에 배를 댄 마을들에서 사람들은 배를 감탄하고 크리산과 이야기하기 위해 나타났다. 그들은 그녀가 배를 만든 것을 듣고는 깜짝 놀랐고, 왜 그것을 했고 어디로 갈 것인지를 물었다. 크리산은 이러한 질문들을 즐겼고, 그녀의 꿈들에 대해 사람들과 이야기를 나누었다. 물론 그녀는 그녀가 배와 이야기하였다고 사람들에게 말하지 않았다. 왜냐하면 그녀는 그들이 그녀가 미쳤다고 생각하길 원하지 않았기 때문이다. 밤이면 그녀는 사람들이 말한 것을 나무에게 이야기해 주었고, 나무는 자기 자신과 자신의 역할에 대해 자랑스럽게 여겼다.

리버톤에서 그녀는 올리어리 씨를 만났다. 그는 그녀에게 말하였다. “나는 내 가족들을 강 아래쪽으로 3일 여정이 소요되는 오버톤으로 데려가야만 해요. 나는 돈이 없어서 당신에게 줄 것이 없지만, 만일 내가 4일 내에 오버톤에 도착할 수 있다면 나는 약속받은 일을 얻을 수 있을 거예요."

크리산은 확답하지 못하고 올리어리 씨에게 생각할 시간이 필요하다고 말했다. 그녀는 나무와 상의하길 원했지만 그 남자가 그녀의 말을 듣기 원하지 않았다. 그녀는 배에 가서 말했다. "가족을 데리고 있는 남자가 오버톤으로 태워 주길 바라고 있어. 넌 어떻게 생각해?"

나무는 그 남자가 왜 태워 달라고 하는지 물었고, 크리산은 일을 얻기 위해서라고 말하였다. "일이 뭐지?" 라고 나무는 물었다.

"그것은 네가 누군가와 일하기로 동의할 때, 그들이 그것에 대해 너에게 돈을 주는 것이야. 그러면 너는 음식이나 옷을 사는 데 그 돈을 사용할 수 있지."

"그들을 태워 주는 것이 좋은 일일까?" 라고 나무가 물었다.

크리산은 말했다. "응, 나는 좋은 일일 거라고 생각해. 그들은 돈이 없는 것 같아. 그리고 가족을 위해 옷과 음식을 살 방법이 없는 것은 불행한 일이잖아."

"그렇다면 그들을 태워줘." 라고 나무는 대답했다. 그래서 그녀도 그렇게 하였다.

올리어리 부부와 그들의 6명의 아이들은 배에 올라탔고, 그들은 출발했다. 아이들은 그 배를 매우 좋아했다. 그들은 배 구석구석을 살펴보며 뛰어다녔다. 그들은 크리산에게 그들이 강과 배에 대해 생각할 수 있는 온갖 질문들을 하였다. 두 번째 날 밤에 그들은 끔찍한 폭풍우를 만났다. 폭풍우는 물살을 거칠게 만들고, 해변으로부터 잔해들을 떠내려 오게 하였다. 배는 몰기 어려웠고, 그래서 그들은 강 위에서 흔들거렸다. 아이들은 다치고 배멀미를 하기도 하였다. 그러나 크리산은 침착했고, 배를 강 아래로 이끌면서 그들을 안심시켰다. 아침이 되자 폭풍우는 지나갔지만 배는 엉망이 되었다. 올리어리 씨와 아이들은 열심히 배를 청소하였고 그들은 곧 오버톤에 도착하였다. 올리어리 가족은 떠나고 싶지 않았지만, 그들은 그래야만 했다. 크리산 역시 올리어리 가족, 특히 아이들에게 정이 들어 헤어지고 싶지 않았다. 그녀는 그들이 오버톤에 머물러야 하지만 그들이 그녀와 함께 강을 따라 동행하고 싶어 한다는 것을 알았다.

정박시켰던 배를 물 속으로 밀어 넣은 후에, 크리산은 나무에게 말했다. "올리어리 가족과 지내는 게 어땠어?"

나무가 대답했다. "난 그들과 지내는 게 좋았어. 아이들이 뛰어다니고 그들과 즐기면서 활기차고 신났어. 폭풍우가 몰아쳤을 땐 그들이 걱정되었지만 모두 그것을 이겨내고 이후 나를 깨끗하게 청소도 해 주었지. 그들을 위해 좋은 일을 하는 것은 기분 좋은 일이었어."

크리산은 동의했고, 나무에게 물었다. "여행 중에 우리와 함께 타기를 원하는 사람이 있으면 태워 주는 것에 대해 어떻게 생각해?" 나무는 이것이 좋은 생각이라고 생각했다. 그들은 강 아래쪽으로 함께 타고 가고자 하는 사람들을 만나면 그들을 태워 주었다. 나무와 크리산은 여행하는 사람들로부터 많은 것을 배웠다. 그들 모두는 소녀와 말하는 것을 즐거워했고 이 별난 배를 타는 것을 좋아했다. 사람들과 함께하는 여행은 훨씬 더 빠르게 느껴졌고, 곧 그들은 뉴올리언스에 도착했다.

승객들이 내린 후, 나무는 크리산에게 말했다. "음, 정말 훌륭한 여행이었고, 나는 내 꿈을 실현하였어. 난 진심으로 행복해. 이제 너의 꿈을 실현시킬 시간이야. 나를 팔아서 네가 원하는 아름다운 옷을 하고 무도회장으로 가렴."

크리산은 놀랐다. "나는 그걸 까맣게 잊고 있었어! 나는 너를 팔 수 없어! 내 꿈 역시 이루어졌어. 나는 강하고 당당해지는 법을 배웠어. 나는 많은 친구들을 만들었고 내 스스로에 대해 아주 행복해. 무엇보다도 좋은 것은, 나는 너를 가졌잖아. 나는 나를 아름답게 만들어 줄 드레스는 필요 없어. 내가 단지 배의 캡틴이기 때문에 나와 함께 무도회장으로 가려는 피상적인 관계의 사람과는 함께 춤추고 식사할 수 없어. 나는 우리가 다시 돌아가서 승객들을 태우고 다시 돌아와야 한다고 생각해. 그것이 우리 모두에게 행복을 주는 삶이야." 그리고 그들은 그렇게 하였다.

지도상의 유의점 및 기타 활동

자기결정성 증진 프로그램의 1회기 진행을 위한 제안사항은 다음과 같다.

1. 꿈꾸기는 개인의 상상을 사용한 공상이나 바람이지, 밤에 꿈꾸는 것이 아님을 확인한다.
2. 학생들이 "크리산 이야기"를 듣는 동안 그들의 상상력을 발휘할 수 있도록 하기 위해, 불빛을 어둡게 하고 학생들로 하여금 눈을 감게 한 다음 그들의 마음속에 텔레비전이 켜져 있는 것처럼 이야기를 상상하도록 한다.
3. 활동지에 "크리산 이야기"로부터의 핵심 아이디어를 요약하도록 한다. 학생들이 자신의 생각에 대한 소유권을 갖도록 하기 위해 요약은 학생들의

토론을 통해 나오고, 학생들이 타이핑을 해서 나눠주어야 한다.

4. 자기주장적 경청에 대한 개념을 설명하기 위해 어떻게 적극적으로 들을 수 있는지, 그리고 그렇지 않은 것은 무엇인지 역할극으로 할 수 있다. 좋지 않은 듣기 행동(눈 마주치지 않기, 쳐다보지 않기, 방해하기, 비난하기, 다른 생각하기)이 먼저 설명되어 선호되는 모델이 오래 기억에 남도록 하는 것이 가장 좋다.
5. 학생들이 자기결정에 대해 설명하는 짧은 대본을 써 보도록 하고, 시간이 허락한다면 교실에서 해 보도록 한다.
6. 학생들이 자기결정에 대해 설명하는 이야기를 써 보도록 한다.
7. "크리산 이야기" 에 대한 지침을 적용하여 꿈의 개념과 관련된 아동들의 이야기를 읽도록 한다. Jamie Lee Curtis(2000)의 「풍선은 어디로 가나(Where Do Balloons Go?)」와 John Bush(1994)의 「꿈꾸는 물고기(The Fish Who Could Wish)」와 같은 이야기들을 더 읽어보도록 한다.

생각 보태기

Session 2 나에게 중요한 것은 무엇인가?

학습목표

2회기에서, 학생들은 다음과 같은 목표를 성취할 수 있다.

1. 학생들은 자신이 원하는 것을 아는 데에 꿈이 어떻게 사용될 수 있는지 진술할 수 있다.
2. 학생들은 자신에게 중요한 것이 무엇인지 확인하는 글을 쓸 수 있다.

준비

수업 준비사항은 다음과 같다.

1. 수업 내용과 자료를 살펴보고 익숙해지도록 한다. '나에게 중요한 것은 무엇인가?(What Is Important to Me?)' 활동지를 스스로 완성하고, 자신의 이야기를 첨가하도록 한다.
2. 필요하다면 복사용 활동지를 OHTs나 파워포인트 슬라이드로 만들도록

한다.

학습자료 및 교구

본 수업에는 OHP나 컴퓨터, LCD 프로젝터가 필요하다.

개관

2회기에 대한 개관은 다음과 같다.

Ⅰ. 수업 소개(10분)
- A. 꿈에 대한 지난 회기의 학습내용 복습하기
- B. 학습순서 검토하기(부록: 나에게 중요한 것은 무엇인가?(What Is Important to Me?) 학습순서)

Ⅱ. 무엇이 중요한지를 발견하는 활동(40분)
- A. 주제 소개하기(부록: 그림 5)
- B. 자기주장적 경청 기술을 복습하기(부록: 자기주장적 경청)
- C. 학생들이 자신에게 중요한 것이 무엇인지 발견할 수 있도록 하기

Ⅲ. 마무리하기(5분)
- A. 과제 부과하기
- B. 다음 회기 소개하기

내용

2회기의 구체적인 절차에 대한 개요는 다음과 같다.

Ⅰ. 수업 소개

A. 꿈꾸기에 대한 지난 회기 복습하기

1. 학생들이 지난 회기에서 꿈꾸기에 대해 배운 것을 복습하도록 한다. 다음과 같은 질문을 제시하면서, 학생들의 반응에 따라 배운 것을 다른 말로 바꾸고, 명료화하고 요약하면서 토론을 이끈다.

a. 꿈이 왜 중요한가?

b. 우리의 꿈은 항상 같은 상태를 유지하는가?

c. 지난 회기 이후 어떤 꿈을 꿔 본 사람이 있는가?

2. 토론 중 다음과 같은 포인트를 이끌어내도록 한다.

a. 꿈은 자기 자신에 대한 중요한 정보를 말해 준다. 꿈을 통해 우리는 자신에게 무엇이 중요한지 이해하고, 어떻게 해야 행복해질 수 있는지 알 수 있다.

b. 우리는 항상 변화하므로, 우리의 '꿈' 역시 변화한다.

c. 꿈에 담긴 가장 중요한 메시지는 종종 우리가 무엇을 좋아하고, 우리에게 무엇이 중요한지를 알려주는 단서가 된다. 이번 회기에서 우리는 꿈을 통해 우리에게 중요한 것이 무엇인지 발견하기 위해 이야기를 나눌 것이다.

B. 학습순서 살펴보기(부록: 나에게 중요한 것은 무엇인가? 학습순서)

Ⅱ. 무엇이 중요한지를 발견하는 활동

A. 주제 소개하기: 자기결정력을 가진다는 것은 타인이 자신을 위한 결정을 내리거나 어떠한 일들이 '그냥 일어나도록' 하기보다는 우리가 어떻게 살아가고 싶은지 스스로 결정하는 것을 의미한다는 것에 대해 학생들과 이야기를 나눈다. 이러한 결정을 하기 위해, 학생들은 자신에게 무엇이 중요한지 알아야 한다. 자신에게 무엇이 필요한지를 아는 것은 무엇을 하고 싶고, 성취하고 싶은지에 대해 좋은 결정을 할 수 있는 정보를 제공한다. 학생들은 자신에게 무엇이 중요한지 발견하기 위해 단서들을 활용할 필요가 있다(부록: 그림 5).

B. 지난 회기에서 배운 자기주장적 경청 단계 복습하기(부록: 자기주장적

경청)

C. 학생들이 자기 자신에게 무엇이 중요한지 발견하도록 하기

1. 자신의 꿈으로부터 스스로 배울 수 있다는 것을 학생들에게 설명한다. 자신의 꿈은 자신이 무엇을 좋아하고, 자신에게 무엇이 중요한지 이해하도록 해 준다. "크리산 이야기"로 돌아가서 복습하거나 명확히하기 위해 다음과 같은 질문들을 하도록 한다.
   a. 크리산의 꿈은 그녀가 어떤 사람이라는 것을 알게 해 주었나요?(처음에는, 슬프고 외로운, 에너지가 넘치는, 친절한, 희망에 찬, 새로운 것에 도전하기를 좋아하는, 성실한, 인내심이 깊은, 다른 사람에 대한 관심이 많은, 그녀가 과업을 달성해 가면서 자신감을 길러가는)
   b. 크리산의 꿈에서 그녀에게 중요한 것들은 무엇이었나요?(특별한 친구를 포함한 친구를 사귀는 것, 사람들과 이야기 나누는 것, 성공하는 것, 그녀의 삶을 스스로 통제하는 것, 친절한 사람이 되는 것, 드레스를 사고 무도회장에 가는 것, 칭찬받는 것, 매력적이고 행복해지는 것, 그녀 자신에 대해 자랑스러워하는 것)
   c. 크리산의 꿈들은 그녀가 좋아하는 활동들에 대해 무엇을 말해주었나요?(숲속을 걸어 다니면서 경험하는 것, 배를 만드는 것, 캡틴이 되는 것, 사람들과 이야기 나누는 것)
2. 학생들이 자신의 꿈에 관해 생각해 보고, 꿈에서 그들을 매력적이게 하는지 확인하도록 한다.
3. 예시 자료로서 교사 스스로의 꿈을 가지고 이러한 활동에 대한 모델링을 해 준다.
4. '나에게 중요한 것은 무엇인가?' 활동지를 완성하도록 한다.
5. 학생들이 또래와 함께 '나에게 중요한 것은 무엇인가?' 활동지상의 질문에 대한 대답을 이야기해 보도록 한다. 청자는 화자가 그 질문들에 대해 더 많은 반응을 하도록 도와주면서, 자기주장적 경청 기술을 사용해야만 한다.
6. 전체 학급 앞에서, 학생들이 무엇을 배웠고, 그들에게 무엇이 중요

한지에 대해 이야기하도록 한다.

III. 마무리하기

A. 과제 부과하기: 학생들이 자신에게 중요한 것이 무엇인지에 대해 배운 내용을 멘토와 함께 나누도록 한다. 학생의 행동에 대해 멘토가 지적한 것을 바탕으로 학생들에게 중요한 것을 추가해야 한다고 생각하는지 스스로 멘토에게 물어보도록 한다.

B. 다음 회기 소개하기: 다음 회기에서는 학생들이 자신의 삶에서 원하는 것을 향해 나아갈 수 있도록 목표를 설정하기 위해 중요한 것을 활용하는 법에 초점을 맞출 것임을 설명한다.

지도상의 유의점 및 기타 활동

자기결정성 증진 프로그램의 2회기 진행을 위한 제안사항은 다음과 같다.

1. 예시로서 수많은 청중들 앞에서 공연하며 전국을 순회하는 유명한 락(rock) 스타가 되는 꿈을 활용해 본다. 노래하는 것을 비롯하여, 유명해지고, 부자가 되고, 독립적이 되고, 모든 사람에게 사랑받는 것에 대한 관심을 확인한다. 만약 이러한 것이 자신의 꿈이라면, 이 소망 중 어떤 것이 가장 중요하고 왜 그런지 말해 보도록 한다.
2. 꿈이 전투기 조종사라면, 자유로움을 느끼는 것, 흥미진진함과 위험함을 즐기는 것, 고도 기술의 가치를 알고 이해하는 것, 구조 내에서 사는 것, 존경받고, 더 나아가 거수경례를 받거나 'sir' 라고 불리기를 원하는 것에 대한 관심들을 확인한다. 만약 이러한 것들이 그들의 꿈이라면, 이들 중 어떤 것이 가장 중요한가?

생각 보태기

Session 3 장기목표를 위한 선택 만들기

학습목표

3회기에서, 학생들은 다음과 같은 목표를 성취할 수 있다.

1. 목표를 정의할 수 있다.
2. 브레인스토밍 기법 사용 능력을 입증할 수 있다.
3. 장기목표를 위한 선택 목록을 작성할 수 있다.
4. 자기 자신을 위한 개인적 요구를 판별할 수 있다.

준비

수업 준비사항은 다음과 같다.

1. 수업 내용과 교재의 내용을 검토하고 익숙해지도록 한다. 장기목표를 위한 선택 만들기(Creating Options)와 자기 돌보기(Taking Care of Myself)를 완성: '강점과 요구' 활동지를 작성하고, 의견을 서술함에 있어서 도움이 될 것

같은 부분에 개인적인 일화나 이야기를 추가한다.

2. 원본을 사용하여 OHP를 만들고 필요하면 복사하여 유인물을 만든다.

학습자료 및 교구

다음과 같은 학습 자료와 교구가 필요하다.

1. OHP, 컴퓨터, LCD 프로젝터
2. 차트와 마커

개관

3회기에 대한 개관은 다음과 같다.

Ⅰ. 수업 소개(7분)
   A. 과제 검토하기
   B. 학습순서 검토하기(부록: 장기목표를 위한 선택 만들기(Creating Options for Long-Term Goals) 학습순서)
Ⅱ. 목표 설정 과정 소개(30분)
   A. 목표란 무엇인가?(부록: 그림 6)
   B. 가능한 목표 브레인스토밍 하기(부록: 그림 7)
   C. '선택 만들기' 활동 제시하기
Ⅲ. 자기 돌보기에 관한 토론
   A. 자기 돌보기의 중요성 소개하기
   B. 과제 부과하기: 자기 돌보기—강점과 욕구
Ⅳ. 정리(3분)

A. 다음 회기 소개하기

B. 과제 부과하기

내용

3회기의 개략적인 내용은 다음과 같다.

Ⅰ. 수업 소개

A. 과제 검토하기

1. 학생들이 스스로에게 중요한 것을 멘토와 공유하였을 때 어떤 종류의 피드백을 받았는지 질문한다. 토론의 결과로 자신에 대해 새로 배운 점이 있거나 본인에게 중요한 것을 목록에 추가한 것이 있는지 질문한다.
2. 오늘은 학생들이 이전 시간에 중요하다고 결정한 내용을 바탕으로 스스로에게 의미 있는 목표를 설정할 것임을 설명한다.

B. 학습순서 검토하기(부록: 장기목표를 위한 선택 만들기 학습순서)

Ⅱ. 목표설정 과정 소개

A. 목표란 무엇인가?

1. 학생들에게 목표라는 용어를 정의하도록 한다(부록: 그림 6). 학생들의 의견을 정의를 발전시키는 데 사용한다. 목표는 사람이 성취하고자 하는 것을 구체화시키는 것이다. 요점을 설명하기 위해 축구에서 목표에 다다르는 것(골을 넣는 것)을 예시로 사용한다.
2. 장기목표와 단기목표에 대해 함께 이야기한다. 장기목표는 보통 성취하는 데 최소 일 년 정도가 걸리는 것이며, 단기목표는 더 짧은 기간 안에 성취할 수 있는 것을 말한다.
3. 학생들에게 장기목표를 진술해 보도록 한다. 이러한 예를 장기목표의 정의를 서술하는 데 사용한다.

B. 가능한 목표를 브레인스토밍 하기

1. 학생들이 가장 중요한 것을 달성하기 위한 목표를 설정하기 위해 가능한 한 많은 선택사항을 만들기 위한 방법으로 브레인스토밍 기법을 사용할 것임을 설명한다.
2. 브레인스토밍은 많은 아이디어를 만들기 위해 사용하는 도구임을 설명한다. 두 명 이상의 사람들이 모여 특정한 주제에 대하여 생각할 수 있는 모든 아이디어를 큰 소리로 말하는 것이다. 아이디어가 좋은지 나쁜지 판단하지 않는다 — 단지 가능한 빨리 많은 아이디어들을 열거한다. 요점을 설명하기 위해 브레인스토밍과 관련된 만화를 사용한다(부록: 그림 7). 생생한 정의를 제공하기 위해 '두뇌' 와 '폭풍' 이라는 어근에 의해 생성된 단어의 의미에 대해 토론한다.
3. 브레인스토밍의 예를 제공하기 위해 학생들이 성적을 어떻게 올린 것인지에 대해 브레인스토밍 하도록 한다.

C. 선택 기회 만들기 활동 제시하기

1. 학생들이 중요하다고 한 것들과 관련하여 가능한 한 많은 장기목표를 개발하기 위해 브레인스토밍을 사용할 것임을 설명한다. 더 많은 선택의 기회를 가질수록 원하는 것을 달성하는 데 도움이 될 목표를 선택할 수 있음을 언급한다.
2. 선택 만들기 활동지를 소개한다. 1단계(Step 1)를 학생들 스스로 작성하도록 한다. 교사가 완성한 활동지를 모델로 삼아 학생들과 공유한다. 1단계(Step 1) 질문에 대답하기 위하여 2회기에서 했던 '나에게 중요한 것' 활동지를 어떻게 사용하였는지 보여준다.
3. 활동지의 2단계(Step 2) 작성 방법을 검토한다. '나에게 중요한 것'을 바탕으로 2단계에 있는 네 영역의 장기목표(예 직업, 사회생활, 일상생활, 취미생활)에 대해 학급 전체가 브레인스토밍을 하도록 함으로써 이 기법에 대한 시범을 보이도록 한다. 이 과정을 통해 학급 전체가 재미를 느끼도록 한다.

4. 소집단 활동으로 학생들이 활동지의 2단계(Step 2)를 완성하도록 한다. 소집단에서 각각의 학생이 장기목표의 목록을 브레인스토밍 하도록 한다. 참여학생을 모두 다 합쳐서 어떤 집단이 가장 많은 아이디어를 생성했는지를 알아보기 위해 집단끼리 시합을 하도록 한다.

III. 자기 돌보기에 관한 토론

A. 자기 돌보기의 중요성 소개하기

1. 학생들이 흥미로운 목표들로 구성된 긴 목록을 생성해 내었으며 앞으로 몇 주 동안 자신이 성취하고 싶은 목표를 선택하기 위해 작업할 것임을 이야기한다. 목표를 성취하기 위해서 필요한 것 중의 하나는 스스로를 돌보는 것임을 말한다. 자기 돌보기는 워크숍 회기에서 논의된 다섯 개의 영역에서 자신의 요구를 충족시키는 것을 의미한다. 학생들이 다섯 가지 영역(신체적, 정신적, 정서적, 사회적, 신념)을 회상하여 칠판이나 차트에 적도록 한다. 학생들에게 다섯 영역에서의 자신의 욕구를 식별하도록 한 후 차트나 칠판에 이를 적도록 한다.

2. 학생들에게 왜 목표를 성취하고 자기결정성을 갖기 위해 자기 돌보기가 필요한지 묻는다. 자기 돌보기가 우리로 하여금 목표 성취에 있어서 지구력을 제공하며 더욱 유능하게 해 준다는 점에 초점을 맞추어 토론을 주도한다(부록: 그림 8).

B. 과제 내기: 학생들이 '자기 돌보기—강점과 욕구' 활동지를 집에서 완성하도록 하고 멘토에게 피드백을 받도록 한다. 완성한 활동지를 공유함으로써 학생들에게 예시를 제공한다.

IV. 정리

A. 다음 회기 소개하기: 다음 시간에는 과제를 검토한 후 (a) 목표가 얼마나 바람직한지, (b) 얼마나 성취가능한지에 따라 선택사항을 줄여나갈 것임을 알려준다. 그 후에 학생들은 앞으로 작업하게 될 장기목표를 선택하게 될 것이다.

B. 과제 부과하기: 다음 시간까지 학생들이 가능한 장기목표에 대해 생각

하고 앞으로 작업하고 싶은 목표에 대해 고민하도록 한다.

지도상의 유의점 및 기타 활동

자기결정성 증진 프로그램의 3회기 진행을 위한 제안점은 다음과 같다.

1. 장기목표와 단기목표의 차이를 설명하기 위해서 한 개의 광고 또는 광고 시리즈를 녹화한다. 학생들에게 광고를 보여준 후, 그것이 가진 장기목표와 단기목표에 대한 토론을 시작한다. 특정 브랜드에 대한 장기적인 고객 충성도(예 우리는 포드(Ford) 가족)가 사람들로 하여금 돈을 저축하게 하기보다는 어떻게 쓰게 하는지 살펴본다. 또한 광고의 단기목표가 어떤 방식으로 사람들이 그 물건이 필요하고 또 그것이 가장 매력적이고 좋은 것이라고 생각하도록 설득하는지 알아본다(예 작은 장난감을 크게 보이게 한다, 예쁜 여자 · 잘생긴 남자를 상품 옆에 배치한다, 매력적인 장소를 이용한다). 광고의 목적은 단기목표에 호소하여 소비자가 다른 대안을 찾지 않고 가능한 한 빨리 물건을 구매하도록 하는 것임을 학생들이 이해하도록 한다.
2. 장기목표와 단기목표를 설명하는 또 다른 방법은 국가 간 조약을 예로 드는 것이다. 조약은 적대감이나 전쟁을 멈춤으로써 단기목표를 성취한다. 장기목표는 군사나 자원의 재배치로부터 장기적인 경제 성장 계획의 설계까지도 포함한다(물자를 운송하기 위한 도로와 공항, 경제발전을 이룩하기 위해 필요한 사무실을 위한 빌딩들, 생산품을 만들기 위한 공장, 그리고 노동자를 위한 주택). 어떻게 장기목표와 단기목표가 상호 의존적이며 서로 조화를 이루는지에 대해 논의하도록 한다.
3. 특정 수업의 내용과 보다 근접한 교육과정을 만들기 위해서, 혹은 학생의 욕구에 따라 개별화하기 위해서, 학생들로 하여금 특정 유형의 목표만 고려하도록 한다. 예를 들어, 교사는 진로 수업에서 이 교육과정을 사용하여 학생들이 직업적 목표를 판별하도록 할 수 있다. 학생들은 고려 중인 직업

에 대한 대강의 개요를 그리기 위해 학교의 취업 지원 센터에서 교재를 사용할 수 있다. 이 수업의 다음 회기에서는 학생들이 진로 결정을 위해 필요한 활동들을 확인하도록 한다. 예를 들어, 흥미나 적성, 직업 정보를 찾고 해석하기, 그리고 선택한 직업을 위해 필요한 교육과 훈련 판별하기 등이 포함된다.

생각 보태기

Session 4

목표 세우기

학습목표

4회기에서, 학생들은 다음과 같은 목표들을 성취할 수 있다.

1. 자기 돌보기와 관련된 본인의 강점과 욕구를 확인할 수 있다.
2. 장기목표를 선택할 수 있다.
3. 최소 3개의 관찰 가능, 측정 가능, 성취 가능한 단기목표를 작성할 수 있다.

준비

수업 준비사항은 다음과 같다.

1. 수업 내용과 교재의 내용을 검토하고 익숙해지도록 한다. '선택의 범위 좁히기', '등산하기', '단기목표 확인하기' 활동지를 완성한다. 의견을 서술함에 있어서 도움이 될 것 같은 부분에 개인적인 일화나 이야기를 추가한다.
2. 원본을 사용하여 OHP를 만들고 필요하면 복사하여 유인물을 만든다.

학습자료 및 교구

본 수업을 위해 OHP나 컴퓨터, LCD 프로젝터가 필요하다.

개관

4회기에 대한 일반적인 개관은 다음과 같다.

Ⅰ. 수업 소개(3분)
  A. 장기목표의 정의 검토하기(부록: 목표-우리가 성취하고자 하는 것(Goal-Something We Want to Achieve))
  B. 학습순서 검토하기(부록: 목표 세우기(Setting Goals) 학습순서)
Ⅱ. 과제 검토(7분)
Ⅲ. 장기목표 선택(7분)
  A. "선택의 범위 좁히기" 활동 완성하기
  B. "등산하기" 활동 소개하기
Ⅳ. 단기목표 설정(36분)
  A. 단기목표 정의하기(부록: 단기목표 그림과 그림 9~12번 소개)
  B. 단기목표 확인하기 활동 완성
Ⅴ. 정리(2분)
  A. 과제 부과하기
  B. 다음 회기 소개하기

내용

4회기의 구체적인 절차에 대한 개요는 다음과 같다.

Ⅰ. 수업 소개

A. 장기목표의 정의 검토하기(부록: 목표−우리가 성취하고자 하는 것 그림 소개)

B. 학습순서 검토하기(부록: 목표 세우기 학습순서)

Ⅱ. 과제 검토

자기 돌보기: 3회기 과제로 완성한 '강점과 욕구' 활동지에 대하여 토론한다. 학생들이 자기 돌보기에 있어서 잘 하고 있는 것이 무엇인지 확인한다. 또한 학생들이 더 향상하고 싶은 영역이 무엇인지 질문한다. 이러한 문제에 대해서 다른 사람들로부터 정보를 얻는 것이 효과적이었는지 질문한다. 각 다섯 영역에서 자기 돌보기가 중요함을 강조한다.

Ⅲ. 장기목표 선택

A. "선택의 범위 좁히기" 활동 완성

1. 3회기에서 작성한 장기목표 목록을 보고 본인에게 가장 매력적인 것 세 개를 고르도록 한다. 그리고 선택한 목표를 '선택의 범위 줄이기' 활동지의 왼쪽 열에 작성하도록 한다.

2. 학생들이 '선택의 범위 줄이기' 활동지에 나와 있는 (a) 얼마나 이 선택이 매력적인가? (b) 얼마나 성취가능한가? 기준에 따라 1(전혀 아니다)부터 5(매우 그렇다)까지의 척도를 사용하여 각각의 목표를 평가하도록 한다. 그 후 각 척도의 점수를 더해서 각 목표에 대한 총점을 구한다.

B. "등산하기" 활동 소개

1. 선택한 세 가지 목표를 검토한 후, 장기목표로 삼고 싶은 하나를 선택하도록 한다. 학생들은 '선택의 범위 좁히기' 활동지에서 가장 높은 점수를 받은 목표로 결정할 수도 있다.

2. '등산하기' 활동지의 제일 윗줄에 선택한 장기목표를 작성하도록 한다.

Ⅳ. 단기목표 설정

A. 단기목표 정의하기

1. 장기목표는 장기적인 관점에서 우리가 추구하는 것을 보여주는 진술임을 설명한다. 장기목표는 성취하는 데 보통 일 년 이상이 걸린다. 장기목표를 성취하기 위해서는 중간 단계로 단기목표를 세우는 것이 필요하다. 등산하기 삽화의 언덕 그림을 사용하여 어떻게 단기목표 성취가 장기목표 실현을 도와주는지 설명한다.
2. 단기목표의 특징을 설명한다(부록: 단기목표).
   a. 장기목표와 관계가 있다.
   b. 관찰 가능하다(그림 9).
   c. 측정 가능하다(그림 10, 11, 12).
   d. 제한된 시간 안에 성취할 수 있다(예 일년 이하, 한 학기 이하, 수업 기간 동안).
3. 학생들이 제공한 단기목표의 예가 위에서 언급한 특징들을 지니고 있는지 살펴본다. OHP를 사용하여 '관찰 가능한', '측정 가능한' 의 개념을 설명한다.

B. 단기목표 확인하기 활동 완성

1. '단기목표 확인하기' 활동지에서 맨 윗줄에 장기목표를 작성하도록 한다. 그다음 장기목표를 성취하는 데 도움이 될 만한 단기목표 세 개를 개발한 후 왼쪽 열에 작성하도록 한다. 작성한 목표가 효과적인 단기목표의 준거를 충족하는지 살펴보도록 한다.
   a. 장기목표와 관련이 있는가?
   b. 관찰 가능한가?
   c. 측정 가능한가?
   d. 자기결정성 증진 프로그램 수강 기간보다 짧은 기간 안에 성취할 수 있는가? 교사가 완성한 활동지를 예시로 사용하도록 한다.
2. 활동지를 완성한 후에 학생들이 짝을 이루어 서로의 목표를 점검하여 네 가지 준거를 충족하는지 피드백을 주고받도록 한다.

V. 정리

A. 과제 부과하기: 학생들이 단기목표를 멘토와 상의하고 네 가지 준거 충

족 여부에 관하여 피드백을 받도록 한다(예 장기목표와 관련이 있는가, 관찰가능한가, 측정 가능한가, 한 학기 이내에 성취 가능한가). 학생들은 멘토에게 본인들이 간과하고 있을 수도 있는 중요한 단기목표를 식별하는 데 도움을 주도록 요청할 수도 있다.

B. 다음 회기 소개하기: 다음 시간에는 코스의 나머지 시간 동안 작업할 단기목표 하나를 선택할 것임을 알려준다.

지도상의 유의점 및 기타 활동

자기결정성 증진 프로그램의 4회기 진행을 위해 다음과 같이 제안한다.

1. 학생이 한 학기 내에 성취할 수 있는 현실적인 단기목표를 선택하도록 하는 것이 중요하다. 그 예로 한 과목의 성적을 반 단계 올리는 것(half letter: B^-에서 B, B에서 B^+)이 세 과목의 점수를 올리거나 F에서 B로 올리는 것보다 현실적이다. 또한 운동 기술에서 특정 수준의 유창성을 성취하는 것이 팀을 하나 만드는 것보다 현실적이다. 그리고 직업을 구하거나 찾는 것이 사업이나 3,000불을 버는 것보다 현실적이다.
2. 이 수업에 대한 후속 활동으로 학생들이 물건을 교실의 한쪽 끝에서 다른 쪽 끝으로 옮기는 데 필요한 목표를 설정하도록 한다. 학생들은 목표를 성취하기 위해 팀으로 활동하며 다음과 같은 규칙을 지켜야 한다.
   - 모든 학생이 물건을 만져야 한다.
   - 물건을 만지고 있는 동안에는 움직일 수 없다.
   - 물건이 땅에 닿아서는 안 된다.

   각각의 팀은 교실에서 물건을 이동시키는 데 걸리는 시간과 물건이 떨어질 횟수의 최대치에 대한 목표를 정한다. 첫 번째 시도 이후에 목표를 재평가하고 수정한다.

생각 보태기

Session 5

단기목표 설정하기

학습목표

5회기에서, 학생들은 다음과 같은 목표를 성취할 수 있다.

1. 자신의 장기목표와 관련 있고, 관찰 가능하며, 측정 가능하고, 주어진 기간 안에 달성할 수 있는 단기목표 하나를 선택할 수 있다.
2. 자기주장적 경청 기술을 시범 보일 수 있다.

준비

수업 준비사항은 다음과 같다.

1. 수업의 내용과 자료를 살펴보고 익숙해지도록 한다. '교사의 단기목표 달성을 위한 단계(Steps To Reach a Short-Term Goal)' 활동지를 완성하고 이 수업에서 예시로 사용할 수 있도록 준비한다. 적절한 부분에 일화나 이야기를 추가한다.

2. OHP 슬라이드나 파워포인트 슬라이드를 만들고 필요하면 복사하여 유인물을 준비한다. 학생이 필기할 공간을 확보하기 위해 '단기목표 달성을 위한 단계' 활동지를 확대하여 복사할 수 있다. 학생이 활동지에 나와 있는 것보다 더 많은 단계를 원한다면 단기목표 달성을 위한 단계 확장지를 사용한다. 확장지를 첫 번째 단계의 가장자리와 수평이 되도록 접은 후 다른 활동지의 마지막 단계와 겹쳐서 '단기목표' 라는 글자를 가리도록 테이프를 붙인다.

학습자료 및 교구

다음과 같은 교재와 교구가 필요하다.

1. OHP나 컴퓨터와 LCD프로젝터
2. 차트와 마커

개관

5회기에 대한 개관은 다음과 같다.

I. 회기 소개(5분)
    A. 단기목표의 개념 알기
    B. 학습순서 검토하기(부록: 단기목표 선택(Choosing Short-Term Goals) 학습순서)
II. 단기목표 선택(30분)
    A. 소그룹 활동하기
    B. 전체 토의하기

III. 목표 달성을 위한 단계 설정의 개념 소개(15분)

A. 활동 소개하기(부록 [연속]: 단기목표를 위한 단계 세우기 1, 2, 3, 4, 5)

B. 단계 개발을 위한 예시 제공하기

IV. 정리(5분)

A. 과제 부과하기

B. 다음 회기 소개하기

내용

5회기의 구체적인 절차에 대한 개요는 다음과 같다.

I. 수업 소개

A. 단기목표의 개념 확인하기

1. 목표와 단기목표의 정의를 확인한다.
2. '산 오르기' 활동지를 완성한다: 학생은 '산 오르기' 활동지를 꺼내고 작은 언덕의 각 정해진 자리에 자신의 단기목표를 쓴다. 언덕 모양을 참고하여 단기목표와 장기목표의 관계에 대해 토의한다.

B. 학습순서 검토하기(부록: 단기목표 선택 학습순서)

1. 학생들에게 오늘은 앞으로 남은 과정 동안 성취하기 위해 노력하게 될 단기목표를 설정할 것이라고 알려준다. 학생이 설정한 단기목표는 장기목표 도달에 도움을 주어야만 한다.
2. 이번 회기를 위해 준비된 활동을 검토한다.

II. 단기목표 설정

A. 소집단으로 활동하기

1. 교사 한 명이나 촉진자를 포함하는 소집단을 형성하도록 한다. 각 학생은 남은 과정 동안 작업할 하나의 단기목표를 선택한다. 단기목표는 학생의 장기목표와 관련이 있어야 하며, 관찰 가능하고 측정

가능하며 남은 과정 동안 실제적으로 성취 가능하여야 한다. 그리고 그 목표는 학생이 정말로 달성하기 원하는 것이어야 한다.

2. 학생들은 집단의 다른 구성원에게 자신이 설정한 단기목표를 말해야 하며 구성원들은 그 목표가 (a) 관찰 가능하고 측정 가능한지, (b) 실제로 성취 가능한지, (c) 본인이 정말로 달성하기 원하는 것인지를 그 학생이 생각해 볼 수 있도록 질문과 피드백을 주어야 한다. 주의: 집단의 촉진자는 학생이 (a) 명확하게 질문하고, (b) 서로에게 자세하고 구체적인 피드백을 주도록 지도해야 한다. 학생들은 이를 위해 "반 친구의 단기목표가 실제로 성취 가능한지를 판단하기 위해 필요한 것이 무엇일까?" 또는 "이것이 친구가 정말로 원하는 것인지 어떻게 알 수 있을까?" 등과 같은 질문을 할 수 있다. 이런 질문을 통해 학생들은 서로에게서 더 상세한 정보를 얻어야 한다.
3. 학생들이 '단기목표 달성을 위한 단계' 활동지의 제일 위 단계에 설정한 단기목표를 써넣을 수 있도록 한다.

B. 전체 토의하기: 학생들은 자신의 단기목표를 전체 학생과 나눈다. 전체 학생과 함께 나누는 목적은 각 학생이 자신의 단기목표를 그룹 전체에 말하여 다른 사람이 자신의 말을 경청하고 이해하고 있다고 느끼기 위함이다. 각 학생의 단기목표를 차트에 큰 글씨로 쓴다. 학생들의 단기목표의 시각적 상기를 위해 앞으로의 회기 동안 이를 교실에 붙여둔다. 학생의 사생활 보호를 위해 다른 사람이 교실을 사용할 때에는 목록을 떼어둔다.

III. 목표 달성을 위한 단계의 개발에 대한 개념 소개

A. 활동 소개하기(부록 [연속]: 단기목표를 위한 단계 세우기 1, 2, 3, 4, 5): 단기목표를 향해 작은 단계로 나아가는 것이 어떻게 목표를 더 잘 달성할 수 있도록 하는지에 대해 토의를 진행한다. 나와 있는 일련의 OHP와 질문하기 기법(questioning techniques)을 사용하여 학생들이 첫 번째 층에서 두 번째 층으로 가기 위해 노력하는 것의 개념을 이해하도록 돕는다. 학생들이 계단(또는 엘리베이터와 같은 다른 장치) 없이는 첫 번째 층

에서 두 번째 층으로 가는 것이 불가능하다는 것을 알도록 돕는다. 오직 하나 혹은 두 개의 거대한 계단만 있다면 첫 번째 층에서 두 번째 층으로 가는 것은 불가능할 것이다. 만약 여러 개의 큰 계단이 있다면 우리는 첫 번째 층에서 두 번째 층으로 갈 수도, 못 갈 수도 있을 것이다. 그 계단이 너무 높다면 우리는 넘어지거나 두 번째 층에 도달하지 못할 것이다. 운동신경이 매우 발달하여서 기어 올라갈 수 있다 하더라도 다치거나 부상을 당할 위험이 있다. 적어도 매우 지치게 될 것이다. 만약 작고 오르기 쉬운 계단이 있다면 우리는 두 번째 층에 쉽게 도달할 수 있을 것이다. 작고 오르기 쉬운 계단을 이용해 올라가는 것이 더 쉬운 것처럼 우리가 목표를 달성하는 데 작고 달성하기 쉬운 단계를 사용한다면 더 성공적일 것이다. 학생들에게 작고 달성하기 쉬운 단계를 개발하여 자신의 단기목표를 달성하도록 시도할 것이며 작은 단계들을 반드시 성공하도록 도와줄 것임을 알려준다.

B. 단계의 개발을 위한 모델 제시하기: '마크의 단기목표 달성을 위한 단계' 활동지를 사용하여 마크가 자신의 단기목표를 달성하기 위해 개발한 단계에 대해 토의한다.

IV. 정리

A. 과제 부과하기: 학생들에게 매일 두세 개의 계단을 한 번에 올라가도록 한다. 학생들의 안전을 위해 계단에 사람이 많지 않을 때를 선택해야 한다. 학생들에게 그것이 얼마나 어렵고 얼마나 피곤한지 등을 깨닫도록 한다. 장애가 있어 계단 오르기 활동이 힘든 학생은 이에 상응하는 과제로서 휠체어로 경사로를 평소보다 빠른 속도로 올라가도록 하거나 잔디밭을(휠체어, rider, 다리 보조기 등으로) 가로질러 가도록 한다.

B. 다음 회기 소개하기: 학생들에게 다음 회기에서는 선택한 단기목표의 달성을 위해 작은 단계를 구성할 것이라고 말한다.

지도상 유의점 및 기타 활동

자기결정성 증진 프로그램의 5회기 진행을 위한 제안점은 다음과 같다.

1. 작은 단계의 개념을 확실히 하기 위해 학생들에게 대략 90×120cm의 종이를 나누어 주고 발이 바닥에 닿지 않도록 하여 방의 다른 끝으로 가도록 한다. 학생들은 주로 (a) 종이를 찢지 않으면서 작은 걸음으로 가거나, (b) 종이를 작은 조각으로 찢어 징검다리를 만드는 아이디어를 생각해 낸다.
2. 학생을 두 집단으로 나눈다. 교실에 다섯 개나 여섯 개의 연속적인 단서를 숨겨놓는데, 각 단서에는 다음 단서를 찾기 위한 힌트를 준다. 마지막 단서는 집단에게 과자를 주는 것이다. 학생들이 생각해 낼 수 있도록 하기 위해 시계 근처에 숨겨져 있는 단서를 찾기 위해 "시간은 상대적인 것이다."라든지, 연필깎이 안이나 근처에 있는 단서를 찾기 위해서는 "생각을 날카롭게 하라."와 같은 지혜로운 단서를 사용한다. 집단에게 첫 번째 단서를 건네준다. 학생들과 함께 목표를 달성하기 위해 사용하였던 과정에 대하여 토의한다. 이런 활동은 창의력, 팀워크, 단기목표와 장기목표의 개념을 가르치는 데 사용될 수 있다.

생각 보태기

Session 6 단기목표 달성을 위한 단계 계획하기

학습목표

6회기에서, 학생들은 자신의 단기목표를 성취하는 데 도움을 주는 단계를 알아 본다.

준비

수업 준비사항은 다음과 같다.

1. 수업 내용과 자료를 살펴보고 익숙해지도록 한다. 교사용 '단기목표 달성을 위한 단계' 활동지를 완성하고 이 수업에서 예시로 사용할 수 있도록 준비한다. 적절한 부분에 일화나 이야기를 추가한다.
2. 지난 회기 수업 때 작성한 학생의 단기목표 차트를 걸어둔다.
3. 단기목표 달성을 위한 단계' 활동지를 칠판이나 전지에 복사해 둔다.
4. 학습순서 OHP나 파워포인트를 만들고 필요하면 유인물을 준비한다.

학습자료 및 교구

다음과 같은 학습자료와 교구가 필요하다.

1. OHP, 컴퓨터, LCD프로젝터
2. 칠판 또는 전지

개관

6회기에 대한 개관은 다음과 같다

Ⅰ. 수업 소개(8분)

A. 지난 회기의 정보 복습하기

B. 학습순서 검토하기(부록: 단기목표 달성을 위한 단계 계획(Planning the Steps To Reach a Short-Term Goal) 학습순서)

II. 단기목표 달성을 위한 단계 계획 활동(Part 1, 단계 계획하기)(37분)

A. 목표 달성을 위한 단계 계획 시범 보이기

B. 학생의 단기목표 달성을 위한 단계 개발하기

III. 정리(10분)

A. 단계 개발을 위한 기준 검토하기

B. 과제 부과하기

C. 다음 회기 소개하기

내용

6회기의 구체적인 절차에 대한 개요는 다음과 같다.

Ⅰ. 수업 소개
  A. 지난 회기의 내용 복습하기
    1. 교실에 붙였던 학생의 단기목표를 지난 회기 때 사용하였던 차트에 붙인다. 개별 학생의 목표를 검토하고 강조한다.
    2. 단기목표 달성을 위해 작은 단계를 설계하는 것이 중요함을 반복하여 강조한다.
  B. 학습순서 검토하기(부록: 단기목표 달성을 위한 단계 계획 학습순서)
Ⅱ. 단기목표 달성을 위한 단계 활동 완성(Part 1, 단계 계획하기)
  A. 목표 달성을 위한 단계 계획 시범 보이기
    1. 각 집단은 도나를 대신하여 도나의 단기목표 달성을 위한 단계 활동지의 단계를 개발한다. 이 활동을 위해 도나가 선택한 단기목표를 제일 상위 단계에 쓰고, 그 목표를 위한 도나의 현재 수행수준을 출발점 위치에 적는다. 그리고 목표에 도달하기 위한 단계를 적는다. 학생들이 선택한 단계의 수는 다양할 수 있으나 그 단계들이 명확하고, 자세하며, 달성 가능하고, 충분히 성공할 수 있는 것(그럼으로써 도나가 단기목표를 향해 나아갈 때 강화가 되도록)이어야 한다. 도나를 위해 제안 가능한 단계에 대한 완성된 활동지가 이 장의 마지막 부분에 포함되어 있다(단계와 활동이 모두 기입되어 있기 때문에 7회기를 위한 참고 자료로도 사용될 수 있다). 도나의 단기목표 달성을 위한 단계의 삽화와 빈 칸을 칠판이나 전지에 복사한 활동지를 사용하여 학생들이 도나를 위해 단기목표를 달성하기 위한 단계를 개발하는 것을 도와준다.
      a. 도나의 배경정보: 도나는 18세로 고등학교 졸업반 학생이며 대부분은 C를 받고 몇 개는 B와 D를 받는다. 과학과 수학은 평균수준

이고 영어, 스페인어, 역사는 평균 이하다. 하루에 한 시간씩 읽기 특별지도를 받으며 다른 수업을 위한 도움을 받는다. 미술을 매우 잘 하며, 가끔 데이트를 하면서 현재 남자친구와 활발히 교제 중이다. 학교 신문에 만화를 그리며 격주로 신문 발간에 참여한다.

b. 도나의 단기목표: 미술과 관련된 직업 갖기

2. 학생들을 소집단으로 모은다. 각 집단의 촉진자들은 관찰 및 측정이 가능하고, 달성 가능한 작은 단계의 개발을 강조하며, 자신의 목표 달성을 위한 단계(활동이 아닌)를 적은 활동지를 학생들과 나눈다.

B. 학생의 단기목표 달성을 위한 단계를 개발하기

1. 학생들에게 소집단으로 자신의 단기목표 달성을 위한 단계 활동지에 자신의 단계를 써넣도록 한다. 학생들에게 단계는 관찰, 측정, 달성 가능해야 한다는 것을 상기시킨다. 단계는 작아도 된다.
2. 촉진자는 학생이 단계를 세울 때 그것들이 확실히 (a) 관찰 가능하고, (b) 측정 가능하며, (c) 성취 가능하고, (d) 작은 것이도록 상의하고 도와주어야 한다. 학생들이 과제를 수행할 때, 같은 그룹의 다른 학생을 도와줄 수 있도록 격려한다.

III. 정리

A. 단계 개발을 위한 기준 검토하기: 학생들이 오늘 배운 것을 서로 나누도록 한다. 핵심을 요약하고 명확하게 한다. 단기목표 달성을 위해 작고 성취 가능한 단계를 설계하는 것이 중요함을 강조한다.

B. 과제 부과하기: 학생들이 멘토와 본인의 단기목표 달성을 위한 단계에 대해 이야기하도록 한다.

C. 다음 회기 소개하기: 학생들에게 다음 회기에는 각 단계의 달성을 돕는 활동을 계획할 것이라고 말한다. 그 과정은 단기목표를 각 단계로 나누는 것과 비슷하며, 각 단계들을 달성했을 때 목표에 도달하게 될 것이라고 설명해 준다.

지도상 유의점 및 기타 활동

자기결정성 증진 프로그램의 6회기 진행을 위한 제안사항은 다음과 같다.

1. 영화 〈밥에게 무슨 일이 생겼나?(What About Bob?)〉(Oz, 1991)는 밥의 점진적이고 재미있는 치료를 촉진하기 위해 거쳤던 작은 단계들처럼 흥미로운 예시와 수업을 위한 토론거리를 제공할 수 있다.
2. 교사나 학생들이 충분한 단계를 포함하고 있는지, 단계들이 명확하게 쓰여 있는지를 결정하기 위해 자신의 단기목표 달성을 위한 단계 활동지에 있는 단계를 실제로 해 보도록 한다. 토론은 학생들이 자신의 목표 달성을 위한 단계를 설계하는 데 도움을 줄 수 있다.
3. 용감해지세요! 교사의 단기목표를 OHP나 파워포인트로 학생들에게 예시로 제공한다. 이후에 학생들이 목표를 향해 나아갈 때 교사의 진전을 모델로 보여줄 수 있다.
4. 학생들은 IEP 목표의 단기목표를 위한 단계 활동지를 완성한다.
5. 반 전체 학생들이 단기목표를 작은 단계(step)로 나누도록 한다. 각 단계가 달성 가능한지 결정하기 위해 단계의 크기를 계속 확인한다. 게시판용 큰 색지(butcher paper)나 칠판에 단계들을 기록한다. 모든 학생이 개발된 각 단계를 반드시 이해하고 달성하도록 한다.
6. 장기목표를 단기목표와 작은 단계로 나누는 것의 개념을 분명히 보여주기 위해, 학생들에게 매우 짧은 기간에 성취할 수 있는 단기목표를 설정하게 한다. 예를 들어, 교사가 학생들에게 일주일 안에 달성할 수 있는 단기목표를 설정하라고 하였다. 한 학생은 일주일 동안 매일 셔츠를 바지에 넣어 입는 것을 선택하였다. 또 다른 학생은 일주일 동안 껌을 씹지 않는 것을 선택하였다. 어떤 학생은 일주일 동안 불평을 하지 않겠다고 하였다.

생각 보태기

단기목표를 달성하기 위한 마크의 단계

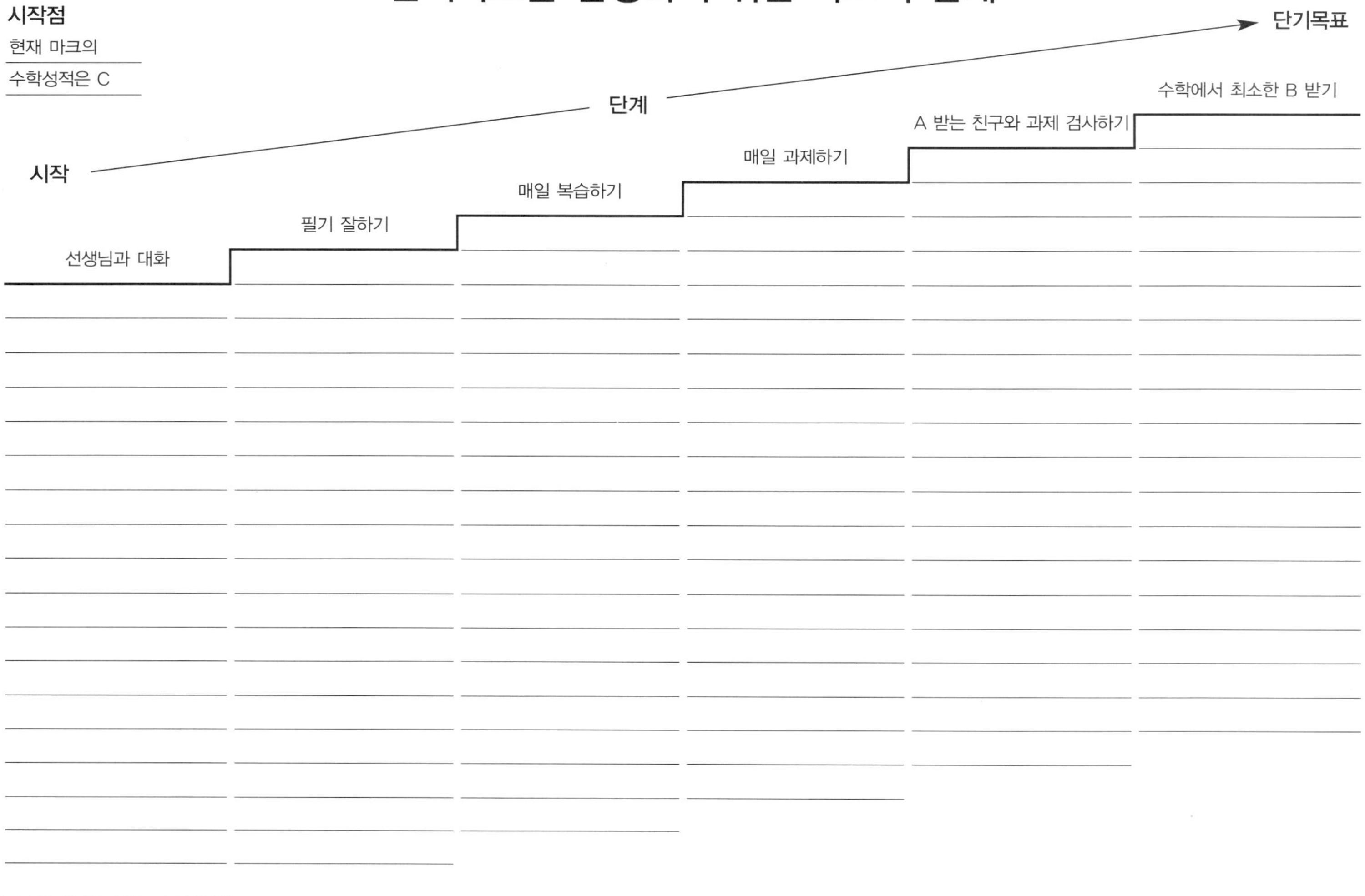

단기목표를 달성하기 위한 도나의 단계

단계와 활동 제안

시작점

미술을 좋아함

직업경험은 없음

시작 — **단계** → 단기목표

대안찾기	지원	면접 준비	면접	결정하기	미술관련 직업갖기
1. 화방 방문	1. 회사 방문	1. 일자리와 흥미에 대해 전화로 논의하기	1. 멘토와 인터뷰 연습	1. 제안받은 일 비교하기	1. 승낙 전화하기
2. 고용주와 대화	2. 원서 가져오기	2. 면접 요청하기	2. 교통편 준비	2. 최고의 결정	2. 시작하는 날짜와 시간 정하기
3. 미술 선생님과 대화	3. 복사한 원서 작성하여 연습하기	3. 면접 날짜잡기	3. 면접에 알맞은 복장 착용하기	a. 월급	3. 근무 스케줄 정하기
4. 분류된 광고 읽기	4. 부모님/친구로부터 피드백 얻기	4. 노트와 방문에 면접날짜 붙여 놓기	4. 정시에 도착하기	b. 교통	4. 교통편 준비하기
5. 다른 사람에게 물어보기	5. 원서 작성			c. 상사/동료와 관계	
	6. 원서 제출			d. 직업적 의무	
				e. 승진 가능성	

Session 7

단계별 활동 계획하기

학습목표

7회기에서, 학생들은 다음의 목표를 성취할 수 있다.

1. 학생들은 단기목표를 성취하는 데 도움을 줄 수 있는 활동을 확인할 수 있다.
2. 브레인스토밍 기술을 사용하는 능력을 보여줄 수 있다.

준비

수업 준비사항은 다음과 같다.

1. 수업의 내용과 자료를 살펴보고 익숙해지도록 한다. 단기목표 달성을 위한 단계 학습지를 검토하고, 아직 활동 분량을 완성하지 못했다면 완성하도록 한다. 적절한 부분에 일화나 이야기를 덧붙이고, 학생들에게 교사의 학습지를 모델로 사용할 준비를 한다.

2. 학생의 단기목표와 이전 수업의 단계를 차트에 제시한다.
3. 칠판이나 전지에 단기목표 달성을 위한 단계 학습지를 다시 만든다.
4. 원본을 OHP나 파워포인트 슬라이드로 만든다.

학습자료와 교구

다음과 같은 학습자료와 교구가 필요하다.

1. OHP, 컴퓨터, LCD 프로젝터
2. 차트, 마커
3. 칠판 또는 전지

개관

7회기에 대한 개관은 다음과 같다.

Ⅰ. 수업 소개(10분)
  A. 단기목표와 지난 회기의 마지막 단계 검토하기
  B. 학습순서 검토하기(부록: 단계 활동 계획(Planning Action for the Steps) 학습순서)
Ⅱ. 단기목표 달성을 위한 단계 활동(부록: Part 2, 단계별 활동 계획하기)(32분)
  A. 단계 활동을 어떻게 계획하는지 시범 보이기
  B. 잠재적 활동에 대해 브레인스토밍 하기(부록: 그림 13)
  C. 활동을 선택하고 활동지 완성하기.
Ⅲ. 정리(10분)
  A. 단계와 행동 계획에 대한 기준 검토하기

B. 과제 부과하기

C. 다음 회기 소개하기(부록: 그림 14)

내용

7회기의 구체적인 절차에 대한 개요는 다음과 같다.

Ⅰ. 수업 소개

A. 단기목표와 지난 회기의 마지막 단계 검토하기

1. 학생들의 단기목표와 단기목표 달성을 위한 단계를 지난 수업에서 사용했던 차트에 기록하여 교실에 게시한다. 각 단기목표와 단기목표를 달성하기 위한 단계를 검토한다. 각 목표는 다른 단기목표와 잘 부합해야 하며, 목표를 달성하면 궁극적으로 장기목표에 도달해야 함을 학생들에게 상기시킨다.
2. 단기목표와 단기목표 달성을 위한 단계를 멘토와 공유함으로써 학생의 과제를 검토한다. 공유 활동을 강화하고 공유하기를 두려워하거나 멘토로부터 지지를 받지 못한 학생들을 지원한다.
3. 학습순서 검토하기(부록: 단계 활동 계획 학습순서)

Ⅱ. 단기목표 달성을 위한 각 단계에 대한 활동 계획

A. 단계 활동을 어떻게 계획하는지 시범 보이기

1. 대집단 활동을 통해 각 단계를 달성하기 위한 행동 계획을 한다는 것을 알려준다. 행동들은 더 큰 단계 달성을 돕기 위한 작은 단계로 보일 수 있다. 도나가 활동지에 계획한 행동의 예시를 써서 6회기에 시작한 칠판과 전지에 다시 붙인다. 학생들은 자기 자리에서 도나의 단기목표 달성을 위한 단계 복사본에 도나의 행동을 적는다. 도나를 위해 제안된 행동들은 6회기에 교사에게 제공한 학습지의 샘플에 제시되어 있다. 다른 것은 수업을 통해 만든다.

2. 추가적인 모델을 제공하기 위해서 활동지를 어떻게 완성하였는지 학급 구성원과 이야기 나눈다.

B. 잠재적 활동에 대해 브레인스토밍 하기

1. 대집단으로 학생들과 함께 브레인스토밍(부록: 그림 13) 기술을 검토한다.
2. 소집단으로 학생들이 각각의 다른 단계별 행동에 대한 아이디어를 브레인스토밍 하도록 한다. 행동들은 학생이 각 단계를 성취하도록 도와야만 한다. 활동지에 포함할 활동을 선택하기 전에 전지에 모든 제안을 기록해야 한다.

C. 활동을 선택하고 활동지 완성하기.

1. 학생들은 브레인스토밍 목록에서 단계 달성을 위해 현실적으로 사용할 수 있는 방안을 선택한다. 집단의 촉진자는 학생이 각 단계에서 달성할 현실적이고 진보적인 행동을 쓰도록 도와준다. 유도 질문과 명료화 질문을 통해 학생들이 자신이 선택한 행동이 현실성, 성취가능성, 명확성을 가졌는지 스스로 평가할 수 있도록 한다. 학생들이 행동을 선택하고 명료화한 후에, 이 행동을 단기목표 달성을 위한 단계 학습지의 적절한 단계에 적어 넣는다.
2. 학생들이 과제를 완성하면, 각 소집단마다 좋은 계획을 생각해 낸 학생 한 명을 지목하여 그 내용을 차트나 전지에 적어 공유하도록 한다. 학생들은 세운 계획에 대해 명확성과 성취 가능성에 초점을 둔 질문을 서로에게 하여, 자신의 계획을 소집단 내에서 공유해야 한다.
3. 각 소집단에서 지목된 학생들은 단기목표에 부합하기 위해 고안해 낸 계획을 대집단에서 발표한다. 단기목표의 성공을 위한 작은 단계의 중요성에 대해 강화한다. 계획이나 계획 과정에 대한 의견을 공유할 수 있도록 한다.

III. 정리

A. 단계와 행동 계획에 대한 기준 검토하기: 학생들이 지난 두 회기 동안

단계와 행동을 구성하면서 무엇을 배웠는지 공유한다. 주요 핵심 사항을 요약하고 명료화한다. 단기목표에 도달하기 위하여 작고, 성취 가능한 단계와 행동 고안의 중요성을 강조한다.

B. 과제 부과하기: 학생들이 행동을 포함한 단기목표를 달성하기 위한 단계를 멘토와 함께 나누도록 한다.

C. 다음 회기 소개하기: 학생들에게 다음 회기에서는 학생들의 행동 결과를 예상해 볼 것이라고 말한다. 학생들에게 "결과란 무엇인가요?" 라고 물어본다. 학생의 대답을 들은 후, 왜 결과 예상이 자기결정에 중요하다고 생각하는지를 물어본다. 8회기 활동 범위 설정에 도움을 주기 위해 학생의 반응에 기초한 간단한 토론을 한다(부록: 그림 14).

지도상 유의점 및 기타 활동

자기결정성 증진 프로그램의 7회기 진행을 위한 제안사항은 다음과 같다.

1. 단기목표 달성을 위한 단계의 예를 부가적으로 활용한다. 이 장의 끝부분에 단기목표 활동지의 다양한 모델이 제시되어 있다. 평균 점수를 받는 15세 학생 '수' 에게도 확실한 단기목표가 있다. '수' 는 최근에 전학을 왔고 친구는 없다. '수' 는 친구를 사귀고 싶어 하며, 그것을 운에 맡기거나 다른 사람이 시작하길 원하지는 않는다. '수' 는 능동적으로 활동하기로 결정하고 몇 주 동안 실행할 활동에 대한 단기목표 활동지를 완성한다.
2. 이 회기의 다음에는 집단 목표를 성취할 수 있다. 한 학급은 놀이공원으로 단체 현장학습을 가는 것을 목표로 설정하고 이를 달성하기 위해 도달해야 할 더 작은 단계를 구체화했다. 남은 회기 동안 목표 달성을 위한 단계별 모델을 제공하기 위해 이 집단 목표를 사용했다.
3. 학생에게 목표를 향한 '작은 단계(baby steps)' 를 보여주는 목표 포스터를 그리도록 한다. 계단, 사다리, 작은 언덕이 있는 산맥과 같이 아주 다양한

방법으로 묘사될 수 있다. 학생들이 창의력을 발휘할 수 있도록 격려한다.

4. 작은 단계라는 용어는 디즈니 영화에 나온 다음과 같은 표현에 의해 잘 설명된다. "전체 삶에서 일상생활의 소소한 일을 하는 것은 식은 죽 먹기이지만 삶 전체는 너무 어렵다. Inch by inch life is a cinch; yard by yard life is too hard."

생각 보태기

단기목표 달성을 위한 단계

시작 — 단계 → 단기목표

자기반성(Self-reflection)	인식하기	다른 사람 찾기	초대하기	4~5명의 후보자 선정하기	4~5명의 친구 유지하기
1. 나의 성격과 특성에 대해 생각해 본다.	1. 다른 사람의 중요한 특성을 관찰한다.	1. 다른 사람과 대화하는 것에 열려 있는다.	1. 다른 사람에게 공부나 활동을 하자고 요청한다.	1. 내가 경험하고 관찰한 것과 나의 친구에게서 원하는 특성을 비교한다.	1. 준비가 되었을 때, 다른 사람들에게 자신이 그들과 함께있는 시간을 즐긴다고 말한다.
2. 나의 특성 목록을 작성한다.	2. 다른 사람의 바람직하지 못한 특성을 관찰한다.	2. 부모님이나 형제자매와 대화 시작하기를 연습한다.	2. 자신이 편안함을 느끼는지 아닌지를 주목한다.	2. 내가 함께 있으면 편안함을 느끼는 사람을 4~5명 선정한다.	2. 다른 사람에게 친구에 대한 비밀을 말하지 않는다.
3. 친구에게서 원하는 성격과 특성을 생각해 본다.	3. 누가 누구와 친구인지 주목한다.	3. 다른 사람에게 질문하는 것을 연습한다.	3. 다른 사람도 편안한 것처럼 보이는지 아닌지에 주목한다.	3. 선정된 사람에게 '초대하기' 단계를 반복한다.	3. 다른 사람에게 친구에 대해 나쁘게 이야기하지 않는다.
4. 위의 특성 목록을 작성한다.	4. 어떻게 다른 사람들이 친구를 대하는지 주목한다.	4. 다른 사람에게 나 자신에 대해 이야기하는 것을 연습한다.	4. 다시 한 번 해 달라는 제안이나 감사의 표시를 남긴다.	4. 선정된 사람의 관심사에 대해 대화를 통해 얻은 목록을 작성한다.	4. 친구에게 관심을 보여주고 나타낸다.
5. 목록에서 유사성과 차이점을 비교한다.	5. 다른 사람의 관심사에 열려 있는다.	5. 공부나 가게의 위치 등에 대해 도움 요청하는 것을 연습한다.	5. 이 단계를 하루에 두 번씩 반복한다.	5. 선정된 사람을 공통의 관심사에 대한 활동에 참여하도록 초대한다.	5. 친구에게 문제가 있다면 친구에게 이야기한다.
6. 친구의 어떤 특성이 중요한지를 결정한다.	6. 어떻게 그들이 나를 대하는지 주목한다.	6. 매일 한 명의 새로운 사람에게 이야기를 먼저 걸어 본다.			6. 필요하다면 내 행동에 대해 미안하다고 말할 준비를 갖춘다.
		7. 점심을 먹을 때 자리에 앉아서 이제까지 얘기해 보지 못한 사람과 이야기를 나눈다.			7. 가능한 한 많은 친구와의 관계를 유지한다.

Session 8

첫 단계 시작하기

학습목표

8회기에서, 학생들은 다음과 같은 목표를 성취할 수 있다.

1. 학생들의 경험에 자기결정성 모델을 적용할 수 있다.
2. 단기목표를 달성하기 위한 과업으로 학생들이 원하는 첫 번째 활동을 말할 수 있다.
3. 계획된 활동을 머릿속으로 그려보며 예행연습의 과정을 설명할 수 있다.
4. 계획된 활동에 대한 잠재적인 결과를 말할 수 있다.

준비

수업 준비사항은 다음과 같다.

1. 수업 내용과 자료를 살펴보고 익숙해지도록 한다. '타이론의 딜레마(Tyrone' s Dilemma)' 와 '결과 예측하기(Anticipating Results)' 활동지를 완성하고, 연습단계에서 그것을 모델로 사용할 수 있도록 준비한다. 적절한 부

분에 일화나 이야기를 추가한다.

2. 학생이 지난 회기에 계획했던 단기목표와 행동을 전시한다.
3. OHP나 파워포인트 슬라이드를 만들고 필요하면 유인물을 준비한다.

학습자료와 교구

다음과 같은 학습자료와 교구가 필요하다.

1. OHP, 컴퓨터, LCD 프로젝트
2. 차트와 마커

개관

8회기에 대한 개관은 다음과 같다.

Ⅰ. 수업 소개(5분)
  A. 과제 점검하기
  B. 학습순서 검토하기(부록: 첫 단계 시작하기(Taking the First Stop) 학습순서)
Ⅱ. 자기결정성 모델 검토(10분)
  A. "나 자신과 주변 환경 알기" "자신의 가치 알기" "계획하기"를 검토하기(부록: 자기결정성 모델(Self-Determination Model) 학습순서).
  B. "실행하기"와 "성과 경험과 학습"을 소개
Ⅲ. 실행하기 준비(35분)
  A. 과정 소개하기(부록: 행동하기 위해 스스로를 준비시키기)(5분).
  B. 실행 결과 예측하기('타이론의 딜레마'와 '결과 예측하기' 학습지)(20분).
  C. 실행 예행 연습하기(10분)

IV. 정리(5분)

A. 회기의 활동 검토하기

B. 과제 부과하기

C. 다음 회기 소개하기

내용

8회기의 구체적인 절차에 대한 개요는 다음과 같다.

I. 수업 소개

A. 과제 검토하기: 학생들에게 단기목표 달성을 위한 단계 활동을 멘토와 공유하는 것이 도움이 되었는지 물어본다. 과제가 자신의 계획을 새로운 방식으로 살펴보는 데 도움이 되었고 지지감(sense of support)을 느꼈는지 물어본다. 자기결정성을 갖기 위해 다른 사람의 지원을 찾는 것도 가치가 있다는 점을 강조하며 토론을 진행한다.

B. 학습순서 검토하기: 교사는 자기결정성 절차를 검토할 것이라고 강조한 후 학생들은 단기목표를 충족시키기 위해 이번 주 활동을 준비할 것이라고 하면서, 오늘 회기를 위한 학습순서(부록: 첫 단계 시작하기)를 토론한다.

II. 자기결정성 모델 검토

A. "나 자신과 주변 환경 알기" "자신의 가치 알기" "계획하기" 검토하기

학생들과 자기결정성 모델을 검토한다. 단순화 모델(부록: 자기결정성 모델)에 대한 OHP 슬라이드나 파워포인트 슬라이드는 토론을 하는 데 사용될 수 있다. 상세화된 모델의 버전은 이 장의 끝부분에 실려 있다. 학생들에게 "나 자신과 주변 환경 알기" "자신의 가치 알기" "계획하기"와 관련하여 자신에 대해 무엇을 배웠는지를 공유하도록 한다. 학생의 반응을 강화하고 요약하고 명료화한다.

B. “실행하기”와 “성과 경험과 학습” “소개하기”: 학생들에게 이제부터 모델에서 “실행하기”와 “성과 경험과 학습” 두 단계에 초점을 둘 것이라고 말한다.

III. 활동을 위한 준비

A. 과정 소개하기: 학생들에게 활동을 하기 전에 (a) 행동 결과 예측하기와 (b) 예행연습하기를 통해 스스로가 활동(부록: 행동하기 위해 스스로를 준비시키기)을 위한 준비에 도움이 된다고 이야기한다.

B. 행동 결과 예측하기('타이론의 딜레마'와 '결과 예측하기' 학습지)

1. 예측하기의 중요성에 대한 대집단 토론을 유도한다. 학생들에게 활동 준비하기의 중요한 부분은 활동의 결과로서 어떤 일이 일어날 것인지 예상하거나 예측하려고 시도하는 것이라고 말한다. 학생들에게 활동 결과를 예측하는 것이 왜 중요한지 생각해 보라고 한다. 학생들의 반응을 명료화하고 요약한다. 결과 예측은 1) 계획을 계속 진행할지, 2) 부정적 결과를 초래하지 않기 위해 계획을 수정할지, 3) 계획을 아예 버릴지를 결정할 수 있으므로 아주 중요하다.

2. '타이론의 딜레마' 활동을 완성한다.

   a. 학생들은 타이론의 딜레마 학습지 완성을 위해 소집단으로 함께 과제를 수행한다. 교사나 촉진자는 개별 소집단 내에 있어야 한다.

   b. 소집단으로 실시한 타이론의 딜레마 활동에 대한 경험을 대집단에서 공유한다.

3. 한 주 동안의 활동을 선정한다: 학생들과 촉진자는 단기목표 달성을 위한 단계 학습지에 대해 서로 이야기하고, 단기목표에 대한 첫 단계로 어떤 활동을 선택할 것인지 결정하도록 한다. 그리고 소집단 구성원들과 함께 선택한 활동에 대해 공유한다. 촉진자는 소집단에서 학생들이 활동을 확실히 선택할 수 있도록 돕는다.

4. 결과 예측하기 활동을 마무리한다.

   a. 학생들은 다음 회기 전에 하려고 선택한 활동에 대한 '결과 예측

하기' 학습지를 소집단 활동을 통해 완성한다. 각 소집단의 촉진자는 수업 전에 완성된 학습지를 공유함으로써 시범을 보인다. 각 학생들은 자신의 학습지를 소집단 내에서 공유해야 한다. 촉진자들은 학생들이 자세하고 구체적인 피드백을 서로 주고받도록 격려하기 위해 집단에 대한 질문을 구조화한다.

b. 대집단 활동에서는 학생들에게 잠정적인 결과에 대해 생각해 본 후에 계획을 수정한 사람이 있는지 물어본다. 결과에 대한 생각의 결과로 계획을 완전히 변경하기로 결정한 사람이 있는지 질문한다. 활동하기 전에 잠정적인 결과에 대해 생각하는 것의 가치를 강조한다. 집단의 구성원은 이번 주에 하기로 계획한 활동을 말하고 그것을 차트에 기록한다. 다음 회기는 첫 단계의 성과에 대한 토론으로 시작한다고 말한다.

C. 활동 예행연습하기

1. 학생들에게 연극, 발표회(예 춤, 음악), 또는 다른 유형의 프로그램에 참석한 경험이 있는지 물어본다. 학생들이 예행연습을 했는지, 만약 했다면 그것이 어떻게 도움이 되었는지 물어본다. 학생의 반응을 명료화하고 요약한다. 다른 학생에게는 스포츠 경기와 이를 위한 연습이 대안적인 예가 될 수 있다. 학생들에게 목표 달성을 위해 수행하고자 하는 활동이나 단계를 마음속으로 그려보기 위해 자신의 상상력을 사용하는 것을 예행연습이라고 말한다. 상상력이 더 자세하고 현실적일수록, '예행연습'으로서 더 유용하게 사용될 수 있다.
2. 학생들에게 단기목표를 향한 첫 단계 수행을 잠깐 동안 상상하게 한다. 무엇을 하고 있는지, 어디에 있는지, 활동에 자신 외에 누가 포함되어 있는지, 그리고 어떤 느낌을 받았는지 각 활동을 상상하게 한다.
3. 머릿속에서 하는 몇 분 동안의 예행연습은 학생들이 단기목표를 향한 단계를 더 쉽게 수행하도록 도와준다. 연습을 통해 축구팀이 경

기를 더 잘 하거나 가수가 리허설을 거쳐 더 세련된 공연을 하는 것과 마찬가지로, 반복된 예행연습은 학생의 단기목표 성취를 도울 것이라고 강조한다.

IV. 정리

A. 회기의 활동 검토하기: 자기결정성 모델 내의 단계와 활동 전에 결과 예측하기 및 예행연습의 중요성에 대해 간단하게 검토한다.

B. 과제 부과하기: 학생들은 완성된 단기목표를 달성하기 위한 단계 학습지를 부모님이나 친구와 함께 공유하고 단기목표의 첫 단계와 관련된 활동을 한다.

C. 다음 회기 소개하기: 참여자들에게 다음 회기에는 활동 결과를 검토하고 장애물에 직면했을 때 어떻게 해야 하는지에 대해 살펴볼 것이라고 말한다.

지도상의 유의점 및 기타 활동

자기결정성 증진 프로그램의 8회기 진행을 위한 제안사항은 다음과 같다.

1. 학생들은 타이론의 부모님이나 친구들이 각 선택사항에 대해 어떻게 반응했을지 추측해 봄으로써 다른 사람의 반응을 예상하고, 다루는 법을 학생들이 배우도록 한다. 학생들이 감수하고자 하는 결과를 선택할 때 다른 사람의 잠재적인 반응에 대해 이러한 정보를 사용하는 법을 배우도록 돕는다.
2. 학생들이 자신의 목표를 다른 사람이 볼 수 있는 곳에 제시해도 괜찮다고 느낀다면 책 표지의 앞면에 자신의 목표와 하위 단계들까지 쓸 수 있다. 학생들은 항상 볼 수 있는 곳에 목표를 둘 수 있다.
3. 지갑이나 책가방에 넣고 다니는 카드에 목표를 쓸 수 있다.
4. 학생들이 각 단계를 성취했을 때, 그 단계를 체크하거나 강조한다. 학생들

이 성취하는 다섯 단계 모두에 대해 스티커를 주거나 다른 종류의 보상을 한다.

생각 보태기

자기결정성 모델
Self-Determination Model

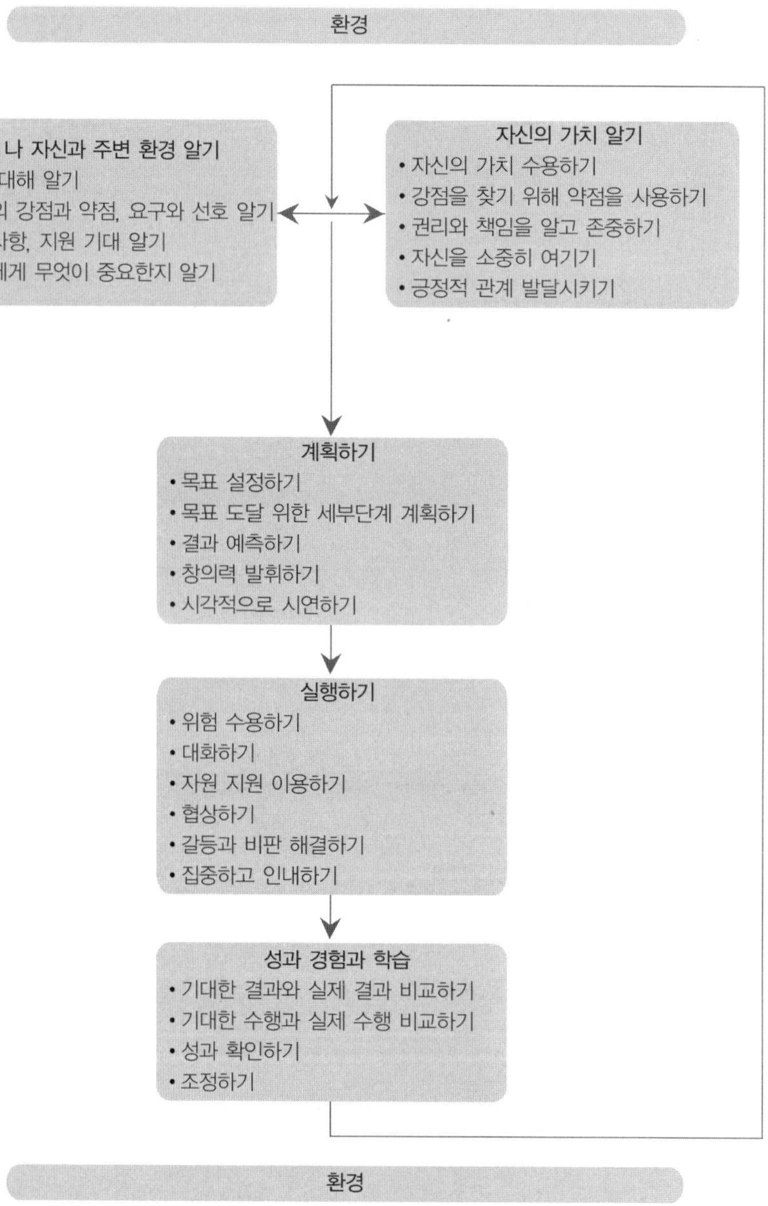

출처: "Development of a Model for Self-Determination," (S. Field and A. Hoffman. 1994. *Career Development for Exceptional Individuals, 17*(2), p. 165. Copyright 1994 by the Council for Exceptional Children Division on Career Development)에서 발췌.

Session 9

장애를 창의적으로 극복하기

학습목표

9회기에서, 학생들은 다음과 같은 목표들을 성취할 수 있다.

1. 목표를 성취하기 위해 취한 행동의 결과를 구성원들에게 말할 수 있다.
2. 장애물과 창의력의 개념을 이해한다는 것을 보여줄 수 있다.
3. 단기목표를 성취하기 위해 필요한 다음 행동을 구별할 수 있다.
4. 계획한 행동의 예측되는 결과를 생각할 수 있다.

준비

수업 준비사항은 다음과 같다.

1. 수업 내용과 교재의 내용을 검토하고 익숙해지도록 한다. 적절한 곳에 관련 일화나 이야기를 첨가하도록 한다. 교사가 단기목표를 성취하고자 취하는 행동에 대한 장애물을 식별하고 이 정보를 수업에 이용하는 것이 특히

중요하다. '창의적으로 생각하기 1' 과 '창의적으로 생각하기 2', '결과 예측하기' 활동지 등을 완성한다.

2. 학생의 단기목표와 이전 회기에서 설정한 참여자의 계획한 행동을 강조하는 차트를 전시한다.
3. 원본으로부터 OHP 슬라이드와 파워포인트 슬라이드를 만들고 필요하면 이것을 복사하여 유인물을 만든다.
4. 11회기에서 강사로 초대할 사람과 약속을 정한다. 장애를 지닌 사람들 중 자기결정력 증진을 위해 노력했고, 이것과 관련한 이야기를 나눌 의향이 있는 사람을 선정한다. 선정된 사람은 여러 사람들 앞에서 발표를 잘할 수 있는 능력을 갖추어야 하고 개인적인 이야기를 나눌 수 있어야 한다. 강사에게 보낼 편지 샘플은 이 장 마지막 부분에 제시되어 있다.

학습자료 및 교구

다음과 같은 학습자료와 교구가 필요하다.

1. 차트와 마커
2. 하이라이터 펜
3. OHP 또는 컴퓨터, LCD 프로젝터

개관

9회기에 대한 개관은 다음과 같다.

Ⅰ. 수업 소개(10분)

A. 과제 검토하기

B. 학습순서 검토하기(부록: 창의적으로 장애물 극복하기(Creative Barrier Breaking) 학습순서).

II. 창의적으로 생각하기에 대한 토론(36분)

A. 장애물에 대한 개념 소개하기(부록: 그림 15)

B. 창의력에 대한 개념 소개하기(부록: 그림 16, 17)

C. '창의적으로 생각하기 1' 활동 완성하기(부록: 창의적으로 생각하기 위한 해결책(Solution to Thinking Creatively 1))

D. '창의적으로 생각하기 2' 활동 완성하기

E. 창의적으로 장애물 극복하기에 대한 집단 토론을 촉진하기(부록: 그림 18, 19)

III. 다음 행동 계획(결과 예측하기)(7분)

IV. 정리(4분)

A. 창의적으로 장애물 극복하기 검토

B. 과제 부과하기

C. 다음 회기 소개하기

내용

9회기의 구체적인 절차에 대한 개요는 다음과 같다.

I. 수업 소개

A. 과제 검토하기

1. 소집단 토론을 실시한다: 학생들이 단기목표 달성을 위한 단계 활동지를 완성하면서 어떤 행동을 취했는지 나누도록 하고, 아래의 질문에 응답할 수 있게 한다.

a. 원하는 행동을 취한 후의 결과에 대해 어떤 생각을 했나요?

b. 가능한 결과에 대해 생각해 본 후 계획이 변화되었나요?

c. 행동을 성공적으로 수행하였나? 무엇을 배웠나? 각 소집단의 촉진자는 학생들이 서로에게 자세하고 구체적인 피드백을 줄 수 있도록 질문을 구조화시킨다. 촉진자는 행동을 취하고, 그 행동의 결과를 통해 배우는 학생들을 긍정적으로 강화하는 데 모델이 되고 용기를 주도록 한다. 촉진자도 역시 집단 구성원이며, 행동을 취하면서 배웠던 것을 집단원들에게 나누도록 한다.

토론 중에는 서로에게 힘을 주고, 수용적인 분위기를 형성하는 것이 중요하다. 이런 분위기를 형성하기 위해서는 각 학생들의 이야기를 주의 깊게 듣는다거나, 학생이 긍정적인 결과를 이야기하고 그들의 행동을 통해 무엇인가를 배웠을 때 이것을 격려해 주어야 한다. 학생들이 활동지 중 성공적으로 달성한 것들에 형광펜으로 하이라이트를 할 수 있도록 한다.

만일 학생이 행동을 취했지만 원하는 결과를 얻지 못했다면, 학생이 마주한 장애물이 무엇인지 분석할 수 있도록 돕고, 필요한 조정을 하도록 한다. 학생들에게 목표를 성취하지 못하거나 실수를 하더라도 이 경험이 새로운 것을 배우게 한다는 것을 이해할 수 있도록 도와준다.

B. 수업내용 검토하기(부록: 창의적으로 장애물 극복하기).

II. 창의적으로 생각하기에 대한 토론 이끌기

A. 장애물에 대한 개념 소개하기: 우리가 자기결정력을 가지기 위해 노력할 때 장애물을 만날 수 있다는 것을 집단 구성원들과 공유한다. 집단 활동으로 '장애물' 이란 개념을 정의하도록 하고, 장애물에 관한 시각적 이미지를 제공한다(부록: 그림 15)(예 우회하라는 사인이 있는 도로 장벽, 울타리, 벽). 참가자들에게 단기목표를 위해 활동을 시작할 때 어떤 장애물들을 만나게 되었는지를 물어본다. 차트나 칠판에 장애물의 종류를 열거한다.

B. 창조의 개념 소개하기

1. 과거를 극복하기 위한 계획을 세울 때 우리의 사고를 방해하는 장애

물을 종종 만날 수 있다는 것을 이야기한다. 보다 창의적으로 생각하면서 우리의 사고 안에서 장애물을 극복한다면 주위의 다른 장애물들을 극복하는 데 도움을 줄 수 있다(부록: 그림 16, 17).

2. 창의적으로 생각하는 것은 사물을 새롭게 다른 방식으로 보는 것이다. 학생들이 창의적이라고 생각하는 사람들이 누구인지 물어보도록 한다. 차트나 칠판에 그 사람들의 이름을 적어 본다.
3. 그 사람들이 왜 창의적이라고 생각하는지에 대해 묻는다. 학생들과 창의력과 관련한 특징을 생각해 본다(예를 들어, 참신성, 다름, 살아있는, 독특함 등등). 이런 특징들을 차트나 칠판에 적어 본다.

C. '창의적으로 생각하기 1' 활동 완성하기: 창의적으로 생각하는 데 도움이 되는 활동을 하게 될 것이라고 학생들에게 말해 준다. 소집단으로 개별적으로 '창의적으로 생각하기 1' 활동지를 작성하도록 하고, 필요하다면 해결책을 함께 모색하도록 한다. 활동지에 대한 답은 부록: '창의적으로 생각하기 위한 해결책 1'에 나와 있다.

D. '창의적으로 생각하기 2' 활동을 완성한다: 소집단에서 개별적으로 '창의적으로 생각하기 2' 활동지를 작성하게 한다. 질문에 대한 답은 '의사가 소년의 어머니'다.

E. 창의적으로 장애물 극복하기에 대한 대집단 토론 진행하기

1. 집단으로 활동에 대해 토론해 본다. 활동을 완성하기 위해서 학생들이 어떤 방식으로 다르게 생각했는지 묻는다. 학생들의 발언을 명료화하고 요약한다.
2. 차트나 칠판에 적은 장애물에 학생들이 집중할 수 있도록 한다. 학생들과 함께 브레인스토밍에 대해서 검토해 보고 브레인스토밍을 할 때 창의적으로 생각하기의 가치에 대해 토론해 본다(부록: 그림 18, 19). 집단구성원들에게 장애물들을 극복하기 위한 방법, 브레인스토밍, 창의적으로 생각하기 등을 하도록 이야기한다. 토론을 통해 우리의 사고 안에서 장애물을 극복하고 보다 창의적으로 생각하는 것이 실제로 장애물을 없애거나 감소시킬 수 있다는 것을 강조한다.

III. 다음 행동 계획(결과 예측하기): 소집단을 구성한다. 학생들이 단기목표 달성을 위한 활동지를 볼 수 있도록 하고, 다음 회기 전에 목표달성을 위해 어떤 행동을 취할 것인지 결정하도록 한다. 그 활동을 위해 '결과 예측하기' 활동지를 완성하게 한다. 활동지를 완성한 다음, 학생들이 집단 구성원들에게 다음 주를 위해 계획한 행동이 무엇인지 다시 말하게 한다. 차트 종이에 그 행동을 기록한다.

IV. 정리

A. 창의적으로 장애물 극복하기를 재검토하기

목표를 성취하는 데 학생들이 장애물을 만날 수 있지만, 창의적으로 생각하는 것은 그런 장애물을 극복하는 데 방안이 될 수 있다는 것을 간략하게 다시 상기시켜 준다.

B. 과제 부과하기: 단기목표를 달성하기 위해 새로운 행동을 하는 것이 과제라는 것을 알린다.

C. 다음 회기 소개하기: 단기목표를 성취하기 위해서 무슨 노력을 했는지에 대해 돌아보는 것으로 다음 회기가 시작할 것이라는 것을 알린다. 가족과 친구로부터 문제해결을 위한 도움과 지원을 얻을 수 있는 방법에 대해 배울 것이라는 것을 알린다.

지도상 유의점 및 기타 활동

자기결정성 증진 프로그램의 9회기 진행을 위한 제안사항은 다음과 같다.

1. 교육과정에서 배우는 기술을 학생들이 실제 상황에서 사용할 수 있도록 돕는다. 예를 들어, 한 교사가 9회기를 창의적으로 적용하고자 할 때 보조교사가 병원에 있었다. 교사는 학생들에게 쾌유를 비는 카드를 창의적으로 만들도록 하는 활동을 고안하였다. 학생들은 사진을 보내는 것과 야외 모험활동 수업에서 얻은 공작용 판지와 소재를 이용하여 카드를 만드는 등의

아이디어를 창출해 냈다.

2. 자기결정력 증진을 위한 단계에서 직면할 수 있는 장애물에 대한 토론을 위해 〈Brian' s Song〉이라는 비디오를 시작할 때 사용할 수 있다.
3. 웹사이트와 책에서 추가적으로 재미있는 퍼즐과 창의적인 문제를 얻도록 한다. http://www.brainconnection.com, http://www.brainbashers.com, http://www.braingle.com과 같은 웹사이트는 재미있는 퍼즐들을 제공하고 있다. 또한 구글이나 야후와 같은 검색 엔진에서 "Brain teaser"라는 개념을 검색하면 창의적인 생각을 증진시키는 데 도움을 주는 문제들이 있는 웹사이트에 접속할 수 있다.

생각 보태기

그림 S9.1 초청강사에게 보낼 예문 편지

날짜: ___________

이름: ___________

주소: ____

안녕하십니까?

자기결정에 관한 선생님의 이야기를 저희 학생들에게 ___________(날짜), (시간), __________(장소) 학교에서 나누어 주신다고 결정해 주신 것에 대해 깊은 감사를 드립니다. 자기결정은 자기 자신에 대해 알고, 자신의 가치를 깨닫는 것을 바탕으로 목표를 설정하고 성취하는 능력을 의미합니다. 논의하였던 대로, 저희 학생들과 보내는 시간은 학생들이 자기결정성을 기를 수 있도록 돕는 교육과정 중 하나입니다. 본 교육과정에서 다루는 자기결정성 모델이 첨부되어 있습니다.

학생들은 현재 이 교육과정의 3분의 2 정도를 마쳤습니다. 과정을 시작하면서 학생들은 자의식과 자기수용 감각을 얻는 데 목적을 두는 전일 워크숍에 함께 참석하였습니다. 워크숍 후에 8주 동안 일주일에 한 번씩 자기결정성을 높이기 위하여 만났습니다. 이 과정에는 학생들의 꿈을 탐색하고, 장기 · 단기목표를 설정하고, 단기목표를 성취하기 위한 단계들을 구성하는 것을 배우고, 결과를 예상하고, 행동을 수행하고, 창의성과 집단 문제해결의 중요성에 대해 배웠습니다. 선생님이 방문한 후 나머지 회기에서 학생들은 자기주장, 자원에 접근하는 법과 갈등과 비판을 긍정적으로 수용하는 것을 배울 것입니다.

자기결정성을 갖기 위해 선생님께서 어떤 일을 하고 어떤 일은 하지 않았는지 등, 선생님이 기울인 노력에 대해 학생들에게 알려주는 것은 많은 도움이 될 것입니다. 특히 선생님의 장애가 자기결정에 어떤 영향을 주었는지 말해 주는 것은 매우 큰 도움이 될 것입니다. 이 교육과정의 목적 중 하나는 학생들이 스스로 인식한 약점을 식별하고, 그 약점에 내재한 강점을 찾는 것(예를 들어, 약점을 다루면서 그 약점이 어떻게 자신을 강하게 만들었는지, 약점을 보완하기 위해 어떤 다른 기술을 발전시켰는지 등)과 같은 자기수용을 증진시키는 것입니다. 이 주제와 관련한 선생님의 이야기는 어떤 것이든 도움이 될 것입니다.

학생들은 수업의 시작과 끝에 짧은 활동을 할 것이고, 따라서 선생님께는 30분 정도가 주어질 것입니다. 학생들은 선생님께 질문을 하거나 대화를 할 수 있을 것입니다. 선생님과 학생들 사이에 좋은 상호작용이 이루어질 수 있길 기대하겠습니다. 다시 한 번 귀중한 것에 시간을 허락해 주심에 감사를 드립니다. 이 활동이 학생들에게 의미 있고, 관련 있는 학습 경험이 되도록 도움을 주기 위해서는 선생님의 참여는 매우 중요합니다. 약속을 확정하기 위해 다시 연락드리겠습니다.

__________ 올림

Session 10

친구에게서 얻는 작은 도움

학습목표

10회기에서, 학생들은 다음과 같은 목표를 성취할 수 있다.

1. '시너지'의 요소가 무엇인지를 설명할 수 있다(예를 들어, 집단이 창의적으로 문제를 해결하는 데 개인보다 효과적이다.).
2. 단기목표를 달성하기 위한 계속적인 과정에서 다음 회기까지 무엇을 할 것인지 식별할 수 있다.

준비

수업 준비사항은 다음과 같다.

1. 수업에서 사용되는 자료와 내용을 익히고 검토한다. 적절한 곳에 관련 일화나 이야기를 첨가하도록 한다. 단기목표를 달성하기 위한 다음 행동을 결정하고 예측되는 결과를 식별한다. 개별활동 '클립으로 무엇을 할 수 있

을까?' 활동지를 완성한다.
2. 학생들의 단기목표와 이전 회기에서 설정한 행동을 보여 준다.
3. 원본으로부터 OHP 슬라이드와 파워포인트 슬라이드를 만들고 필요하다면 유인물을 복사한다.

학습자료 및 교구

다음과 같은 학습자료와 교구가 필요하다.

1. 차트와 마커
2. OHP 또는 컴퓨터, LCD 프로젝터
3. 하이라이터 펜

개관

10회기의 개관은 다음과 같다.

Ⅰ. 회기 소개(20분)
   A. 과제 검토하기
   B. 학습순서 검토하기(부록: 친구에게서 얻는 작은 도움(A Little Help from my Friends) 학습순서).
   C. 장애물과 창의성에 대한 개념 재검토하기(부록: 창의적으로 생각하기 3 (Thinking Creatively 3)).
Ⅱ. '시너지' 요소 소개: 창의적으로 문제를 해결하는 집단(24분)
   A. 개별 활동 '페이퍼클립으로 무엇을 할 수 있을까?' 완성하기
   B. 집단 활동 '페이퍼클립으로 무엇을 할 수 있을까?' 완성하기

C. ‘시너지’ 에 관해 토론하기(부록: 그림 20)

Ⅲ. 다음 행동 계획(결과 예측하기)(6분)

Ⅳ. 정리(4분)

A. 과제 부과하기

B. 다음 회기 소개하기

내용

10회기의 구체적인 절차에 대한 개요는 다음과 같다.

Ⅰ. 수업 소개

A. 과제 검토하기

1. 소집단 토론을 조직한다: 참여자들이 단기목표 달성을 위한 단계 활동지(Steps To Reach a Short-Term Goal worksheet)를 완성하면서 어떤 행동을 취했는지 이야기하도록 하고, (a) 행동에 따른 결과와 (b) 무엇을 배웠는지에 대해 알 수 있게 한다.

각 집단의 촉진자들은 참여자들이 서로에게 자세하고 구체적인 피드백을 줄 수 있도록 질문을 구성한다. 또한 촉진자는 행동을 취했고 이를 통해 깨달음을 얻은 학생들에게 긍정적인 강화를 준다. 촉진자는 다른 집단 구성원들처럼 참여자들 중 한 명이며, 행동을 취함으로서 깨달은 것을 집단에서 공유한다.

이 논의를 하는 동안은 수용적인 분위기를 형성하는 것이 중요하다. 이런 분위기를 형성하기 위해서는 서로의 말을 주의 깊게 들어야 하며, 학생이 긍정적인 결과를 얻고, 행동을 통해 무엇인가를 배웠을 때 이것을 격려해 주어야 한다. 학생들이 활동지 중 성공적으로 달성한 것들에 형광펜으로 하이라이트 할 수 있도록 한다.

만일 학생이 행동을 취했지만 원하는 결과를 얻지 못했다면, 학생이 마주한 장애물이 무엇인지 분석할 수 있도록 돕고, 필요한 조정을 하도록 한다. 학생들에게 목표를 성취하지 못하거나 실수를 한다 하더라도 이 경험이 새로운 것들을 배우게 한다는 것을 이해할 수 있도록 도와준다.

B. 학습순서 검토하기(부록: 친구에게서 얻는 작은 도움)

C. 장애물과 창의력에 대한 개념 재검토하기

1. 학생들과 장애물과 창의력에 대한 개념을 검토한다. 학생들이 두 개념을 정의하고 자기결정력을 지닌 사람이 되기 위해서 창의적이 되는 것이 왜 중요한지 이야기해 보도록 한다. 장애물을 극복하고 문제를 창의적으로 해결하기 위해서는 한계를 넘어설 수도 있다는 것을 강조하며 학생들의 견해를 요약하고 명료화한다.

2. 활동: 창의적으로 생각하기

a. 부록: 창의적으로 생각하기 3의 질문에 대해 학생들이 고려해 볼 수 있게 한다. 집단에게 가능한 답이 무엇인지 결정하도록 한다.

b. 답을 하는 데 어려움을 겪고 있으면 여러 가지 상황을 고려하도록 한다(Q. 맨홀 뚜껑은 왜 둥글게 생겼을까요?).

c. 창의적으로 생각하기 위해서는 다른 방식으로 생각하는 것이 필요하다는 것을 학생들과 이야기해 본다.

II. '시너지' 의 요소를 소개한다: 창의적으로 문제를 해결하는 집단

A. 개인 활동 '페이퍼클립으로 무엇을 할 수 있을까?' 를 완성한다: 개별 학생들이 개인 활동 '페이퍼클립으로 무엇을 할 수 있을까?'의 설명을 읽도록 하고 개인적으로 활동을 완성할 수 있게 한다. 학생들은 이 활동을 스스로 완성하도록 한다. 5분 후 또는 다 마쳤을 때쯤 학생들이 활동지를 책상에 덮도록 한다.

B. 집단 활동 '페이퍼클립으로 무엇을 할 수 있을까?'를 완성한다.

1. 5명씩 소집단을 형성할 수 있게 하고 각 집단에 촉진자가 들어가도록 한다. 집단 활동 '페이퍼클립으로 무엇을 할 수 있을까?'의 설명을 읽고, 각 집단이 함께 활동을 완성하도록 한다.

2. 개별 활동에서 적은 전체 아이디어를 활동지 아래쪽에 작성하도록 한다. 촉진자는 모든 점수를 더하고 합계를 집단의 총 학생 수로 나누고, 개인 평균 점수가 몇 점인지 정한다. 촉진자는 평균 개인점수를 차트 또는 칠판에 적는다.
3. 개인 응답과 마찬가지로 집단 활동을 통한 학생들의 응답도 더한다. 앞서 했던 것과 마찬가지로 촉진자는 집단의 점수를 모두 더하고, 집단 평균 점수를 구하기 위해 집단의 수로 총 점수를 나눈 후, 이를 차트나 칠판에 적는다.

C. '시너지' 에 관한 토론을 이끌어 낸다: 집단이 문제해결에 더욱 용이하며 장애물을 극복하기 위해서는 창의적이어야 한다는 것을 개인 점수와 집단 점수를 비교하며 토론하도록 한다(부록: 그림 20). 개인 점수가 집단 점수보다 높은 경우는 거의 없다. 하지만 개인 점수가 높게 나타난다면, 이것은 문제해결 과정에서 집단이 낮은 점수를 갖도록 한 어떤 계기가 있었는지에 대해 토론해 보는 기회를 제공해 준다(예를 들어, 과제를 벗어났다거나 집단 구성원끼리의 갈등 등).

III. 다음 행동 계획(예측되는 결과): 학생들이 소집단으로 돌아가도록 한다. 촉진자를 포함한 각 집단 구성원들이 '단기목표 달성을 위한 단계' 활동지를 볼 수 있도록 하고, 다음 회기 전에 목표달성을 위해 어떤 행동을 취할 것인지 결정하도록 한다. 그 행동을 위해 '예측되는 결과' 활동지를 완성하게 한다. 활동지를 완성한 다음, 학생들이 집단원에게 다음 주를 위해 계획한 행동이 무엇인지 다시 말한다. 촉진자는 차트 종이에 활동 내용을 기록한다.

IV. 정리

A. 과제 부과하기: 과제는 계획된 행동에 대해 멘토와 이야기해 보고, 실제 행동을 하는 것이다.

B. 다음 회기 소개하기: 다음 회기에서는 자기결정력을 지닌 강사가 올 것이라고 이야기한다. 자기결정력을 지닌 사람은 우리들보다 앞서 나가는 사람이라는 것을 설명한다(부록: 그림 21).

지도상의 유의점 및 기타 활동

자기결정성 증진 프로그램의 10회기 진행을 위한 제안사항은 다음과 같다.

1. 이 회기는 착시게임(optical illusion) 또는 퍼즐 활동 등으로 보충될 수 있다. 아이디어를 위하여 지역 서점에서 책을 찾아보고, 웹 사이트를 활용한다.
2. 단기목표를 달성하기 위해 필요한 단계가 무엇인지 학생들이 다양한 방식으로 생각하도록 한다. 디딤돌, 미니어처 골프, 정글짐 등의 활동이 가능하다. 소집단을 구성하고 단기목표를 이루기 위한 단계를 나누는 방법에 대해 브레인스토밍을 한다. 개인의 평균 점수와 집단 평균 점수를 비교한다. 학생들이 여기에 제시된 형식 중 하나를 이용하여 단기목표를 달성하거나 단기목표를 설정하도록 한다.
3. ‘33으로 무엇을 할 수 있을까?’ 활동을 다른 물건을 이용하여 반복한다. 학생들이 물건을 선택할 수 있게 한다.

생각 보태기

Session 11

자기결정으로의 여정

학습목표

11회기에서, 학생들은 다음 목표를 달성할 수 있다.

1. 자기결정력을 확립해 가는 과정에 대해 장애를 가지고 있는 개인과 이야기를 나눈다.
2. 단기목표를 달성하기 위해 다음 회기까지 무엇을 할 수 있는지 파악한다.

준비

수업 준비사항은 다음과 같다.

1. 강사를 섭외한다.
2. 단기목표에 대한 행동을 결정하고 잠정적 결과를 파악한다. 이 과정을 소그룹 내의 학생들과 공유하도록 준비한다.
3. OHP나 파워포인트 슬라이드를 만들고 필요하면 복사하여 유인물을 준비

한다.

4. 학생들의 단기목표를 이전 회기에서 계획한 행동과 함께 보여 준다.

학습자료와 교구

다음과 같은 학습자료와 교구가 필요하다.

1. OHP 또는 컴퓨터와 LCD 프로젝터
2. 형광펜

개관

11회기에 대한 개관은 다음과 같다.

Ⅰ. 수업 소개(10분)
  A. 강사 소개하기
  B. 학습순서 검토하기(부록: 자기결정으로의 여정(A journey to Self-Determination) 학습순서)
  C. 자기결정성 모델 검토하기(부록: 자기결정성 모델(Self-Determination Model))
  D. 참여자 자기소개하기
Ⅱ. 강사가 '한 사람의 자기결정으로의 여정' 발표(27분).
Ⅲ. 다음 행동 계획(15분)
  A. 과제 검토하기
  B. 참여자가 다음 회기 행동 선택하기(결과 예측하기)
Ⅳ. 정리(3분)

A. 강사에게 감사 인사하기

B. 과제 부과하기

C. 다음 회기 소개하기

내용

11회기의 구체적 절차에 대한 개요는 다음과 같다.

I. 수업 소개

A. 강사 소개하기: 강사는 우리 모두와 같이 자기결정력을 확립하기 위해 장애물을 극복했기 때문에 강사의 이야기를 참여자들과 공유하기 위해 초청되었음을 말한다.

B. 학습순서 검토하기(부록: 자기결정으로의 여정 학습순서)

C. 자기결정성 모델 검토하기: 집단으로 자기결정성 모델을 검토한다(부록: 자기결정성 모델). 자기결정성 모델을 강사에게 설명할 학생을 정한다.

D. 참여자 자기소개하기: 학생들이 자기 자신에 관해 배운 것 또는 자기결정력을 확립하기 위해 어떤 노력을 하고 있는지에 대해 발표자와 공유함으로써 발표자에게 스스로를 소개하도록 한다. 소집단일 경우에는 학생 각자가 자기소개를 하고, 대집단일 경우에는 대표 한 명을 정해 집단 구성원들을 소개하고 자기결정력을 기르기 위해 어떤 노력을 기울이고 있는지에 대해 강사에게 간략히 설명한다.

II. 강사가 '한 사람의 자기결정으로의 여정' 에 관해 발표: 강사를 다시 소개하고 강사가 개인의 경험을 집단과 공유함으로써 참여한다. 강사와 집단의 대화를 장려한다.

III. 다음 행동 계획

A. 과제 검토하기: 참여자들이 소집단으로 '단기목표 달성을 위한 단계' 학습지에 반응한 행동을 공유하도록 하고 (a) 반응한 행동의 결과와

(b) 배운 내용을 파악하도록 한다.

각 집단의 촉진자는 참여자들이 세밀하고, 구체적인 피드백을 서로에게 줄 수 있도록 장려하는 질문을 만든다. 촉진자는 행동을 함으로써 배운 학생들에게 긍정적인 강화를 시범 보이고 장려한다. 촉진자 역시 행동을 통해 자신이 학습한 것을 공유함으로써 집단의 참가자가 된다. 이 논의가 진행되는 동안, 수용적이고 지지적인 분위기를 형성하는 것이 중요하다. 이러한 분위기는 다른 사람의 이야기를 주의 깊게 듣고, 행동을 통해 배우거나 긍정적인 결과를 성취했을 때 참여자들이 서로 축하해 줌으로써 형성될 수 있다. 만약 학생이 행동은 했지만 원하는 결과를 얻지 못하면, 그 학생이 직면한 어려움을 분석하고 필요한 조정(adjustment)을 한다. 학생들이 목표 달성을 못하거나 실수를 하는 것은 새로운 것을 배울 수 있는 다른 기회가 생기는 것임을 학생들이 이해하도록 한다. 활동지에서 학생들이 성공적으로 달성한 행동이나 단계에 형광펜으로 표시를 하도록 한다.

B. 다음 주의 행동 선택(결과 예측하기): 학생들이 소집단에 그대로 있도록 독려한다. 촉진자를 포함한 집단의 구성원들은 '단기목표 달성을 위한 단계' 활동지를 보고 다음 회기 이전에 취할 행동을 결정한다. 다음으로 각 학생은 그 활동에 대한 결과 예측 활동지를 완료한다. 결과 예측 활동지를 완료한 다음, 각 참여자는 그 주의 계획한 행동을 재진술하고 촉진자는 차트에 그 계획을 기록한다.

IV. 정리

A. 강사에게 감사 인사하기

B. 과제 부과하기: 과제는 이전 행동에서 본인들이 선택한 행동(action)을 완료하는 것이라는 것을 상기시킨다.

C. 다음 회기 소개하기: 다음 회기에서는 과제에 관해 토론하고, 목표 달성에 도움이 되는 타인과의 대화 방법에 대해 학습할 것이라는 것을 안내한다.

지도상 유의점, 교수적 수정 및 기타 활동

자기결정성 증진 프로그램의 11회기 진행을 위한 제안사항은 다음과 같다.

1. 지역 상공회의소(The local Chamber of Commerce)는 강사를 섭외하기 좋은 곳이며, 지역자립생활센터(local Center for Independent Living), 주 발달장애 위원회(the state Developmental Disabilities Council)와 이전 학생들을 통해서도 강사섭외가 가능하다.
2. 교육과정의 다른 영역에 강사를 초청할 때, (예 경력에 관해 이야기 나누기) 자기결정과 연관 짓도록 요청한다. 그 강사가 어떻게 그러한 종류의 일을 할 것을 결심했는지? 그 일을 하면서 어떤 장애물에 부딪혔는지? 계획, 목표설정, 타인과 의사소통, 행동결과 평가 중 어떤 종류의 자기결정 기술들을 사용했는지?
3. 교사들은 강사 회기가 이 교육과정의 하이라이트 중의 하나라고 말한다. 그러나 적절한 강사를 구하지 못하면, 비디오 시청을 시도해 볼 수 있다. 〈레인 맨〉(Levinson, 1988)과 〈Take Charge〉 등이 추천할 만한 비디오다.
4. 학생들이 알고 있는 장애인 또는 학생들이 읽은 것 중 자기결정성을 확립한 사람에 대해 설명하도록 하고 (a) 그들이 이용한 강점, (b) 그들이 회피하거나 극복한 장애물 등을 파악하도록 한다.
5. 자기결정적으로 되기 위한 개인의 노력에 관한 이야기가 실린 잡지나 신문을 학생들에게 소개하고, 그 이야기를 코팅해서 교실에 붙인다.
6. 자기결정적으로 되기 위해 기울인 노력에 관해 학생들이 인터뷰를 하도록 한다. 집단 단위로 인터뷰 질문을 만들게 하거나, 학생들을 위해 질문을 제공할 수 있다.
7. 학생들이 자기결정성에 대해 부모를 대상으로 인터뷰를 하도록 한다. 부모가 학생들과 같은 나이였을 때 부모의 목표는 무엇이었는지? 부모가 극복해야 할 장애물은 무엇이었는지? 이러한 인터뷰는 학생들의 친구나 이웃 사람을 대상으로 실시할 수도 있다.

8. 학생들이 성공했다고 생각하는 누군가를 대상으로 어떻게 그 사람이 지금 처럼 성공했는지에 대한 인터뷰를 실시하도록 한다.
9. 비장애인 또는 장애인 강사를 부가적으로 초대해서 그들의 일상생활 속에서의 자기결정에 관해 논의한다. 부모나 교사, 학교 직원 등이 가능한 자원이다.
10. 교사나 다른 학교 직원들을 대상으로 일상생활 속의 자기결정에 관해 인터뷰한다.

생각 보태기

Session 12

자기주장적 의사소통 1

학습목표

12회기에서, 학생들은 다음과 같은 목표를 성취할 수 있다.

1. 자기결정력을 확립하기 위해 이전 회기부터 취한 행동의 결과를 확인한다.
2. 수동적 · 자기주장적 · 공격적 의사소통을 구별한다.
3. 단기목표 달성을 위해 다음 회기까지 무엇을 할 수 있는지 확인한다.

준비

수업 준비 사항은 다음과 같다.

1. 본 회기의 내용과 교재를 검토하고 친숙해진다. 자신의 경험과 이야기를 적절한 곳에 추가한다.
2. 학생들의 단기목표와 이전 회기에서 계획된 행동을 전시한다.
3. OHP나 파워포인트 슬라이드를 만들고 필요하면 복사하여 유인물을 준비

한다.
4. 자기주장적 의사소통 단계에 대한 적절한 예와 부적절한 예를 역할극으로 구성하여 준비한다.
5. 단기목표 달성을 위한 다음 행동을 확인하고 잠정적 결과를 결정한다.
6. 마지막 수업 회기를 날짜, 시간, 위치, 다과 등을 포함하여 계획한다. 멘토들이 많이 참여하도록 하기 위해 저녁이나 주말에 이 회기를 진행할 수 있다. 가능하면, 어린 아이가 있는 멘토를 위한 보육이나, 필요한 교통수단도 마련한다. 음식, 보육, 교통수단은 지역사회 봉사 조직의 자원 봉사자(예컨대 Kiwanis, Rotary, Junior League), 부모-교사-학생 연합과 같은 학교 단체, 또는 구에서 후원하는 음식 서비스와 보육 학급 등을 통해 지원받을 수 있다. 마지막 회기는 축하하고 기념하는 분위기를 형성해야 한다. 교사와 집단이 창의성을 발휘하여 마지막 회기가 특별한 수업이 될 수 있도록 한다.
7. 마지막 회기에 멘토가 참여할 수 있도록 초대 글을 쓴다. 예시 초대 글은 이 장의 뒤쪽에 제공되어 있다.

학습자료와 교구

다음과 같은 학습자료와 교구가 필요하다.

1. OHP, 컴퓨터, LCD 프로젝터
2. 차트와 마커
3. 형광펜

개관

12회기에 대한 개관은 다음과 같다.

Ⅰ. 수업 소개(10분)

A. 과제 검토하기

B. 학습순서 검토하기(부록: 자기주장적 의사소통 Ⅰ(Assertive Communication Ⅰ) 학습순서).

Ⅱ. 자기주장적 의사소통에 대한 수업(30분)

A. 수동적 · 공격적 · 자기주장적 의사소통의 개념 소개하기(부록: 수동적 · 공격적 · 자기주장적 의사소통(Passive, Aggressive, and Assertive communication); 부록: 그림 22, 23)

B. 자기주장적 의사소통의 단계 논의하기(부록: 자기주장적 의사소통 단계(Step to Assertive Communication)).

C. 나－전달법(I-statement) 활동 완료하기

D. 자기주장적 의사소통의 가치에 관해 논의하기

Ⅲ. 다음 행동 계획(결과 예측하기)(5분)

Ⅳ. 정리(10분)

A. 과제 부과하기

B. 다음 회기 소개하기

내용

12회기의 구체적 절차에 대한 개요는 다음과 같다.

Ⅰ. 수업 소개

A. 과제 검토: 참가자들이 소집단으로 모여 '단기목표 달성을 위한 단계' 활동지에서 활동한 행동을 서로 공유한다. 그리고 (a) 행동의 결과와 (b) 배운 내용이 무엇인지를 확인한다.

각 집단의 촉진자는 참가자들이 상세하고 구체적인 피드백을 서로에게 줄 수 있도록 장려한다. 촉진자는 행동을 취하고 그 행동으로부터 학습한 참가자들에게 긍정적 강화를 시범 보이고 장려한다. 촉진자 역시 행동을 통해 자신이 학습한 것을 공유함으로써 집단의 참가자가 된다. 이 논의를 하는 동안은 수용적이고 지지적인 분위기 조성이 중요하다. 이런 분위기는 서로의 말을 주의 깊게 듣고 참가자들이 긍정적 결과를 얻거나 그들의 행동을 통해 무언가를 배울 때 서로 축하해 주면서 형성될 수 있다. 학습지에서 학생들이 성공적으로 달성한 행동이나 단계에 형광펜으로 표시를 하도록 한다.

만약 학생이 행동을 했으나 기대했던 결과를 얻지 못했을 때, 그 학생이 직면한 장애물이 무엇인지 분석하고 필요한 조정을 할 수 있도록 학생을 돕는다. 목표 달성을 못하거나 실수를 하는 것은 새로운 것을 배울 수 있는 다른 기회가 생기는 것임을 학생들이 이해할 수 있도록 한다.

B. 학습순서 검토(부록: 자기주장적 의사소통 I 학습순서)

II. 자기주장적 의사소통에 대한 수업

A. 소극적 · 공격적 · 자기주장적 의사소통의 개념 소개

1. OHP 슬라이드 사용: 부록의 소극적 · 공격적 · 자기주장적 의사소통과 해당 유인물을 통해 소극적 · 공격적 · 자기주장적 의사소통의 개념을 소개한다. 각 용어의 정의를 검토하면서 각 의사소통 유형에 따른 적절한 예시를 제공한다(부록: 그림 22, 23).
2. 수동적 · 자기주장적 · 공격적인 방법으로 의사소통을 한 사례에 대해 참가자들에게 질문한다. 참가자들이 각 의사소통 유형에 따라 어떻게 대응했으며 어떤 느낌이었는지 확인해 보도록 한다.

B. 자기주장적 의사소통의 단계 논의: OHP 슬라이드에 있는 자기주장적 의사소통 단계와 그 내용에 해당하는 유인물에 관해 논의한다. 수동적 · 자기주장적 · 공격적인 의사소통의 각 단계를 역할극으로 실시해 보고, 예들을 비교해 본다.

C. '나-전달법' 활동 완료

1. '나-전달법'은 다음과 같은 목적을 가지고 있다는 것을 설명한다.
   a. 오직 화자의 생각, 감정, 신념에 관해서만 진술한다.

b. 화자가 그 진술에 대해 책임이 있으며 신용을 가지고 있다.

c. 화자의 입장을 분명히 한다.

d. 화자가 분명한 진술을 통해 화자의 생각, 감정, 요구 등을 통제하도록 해 준다.

e. 다른 사람이 화자와 동의하는지 그렇지 않은지 분명히 알 수 있게 해 준다.

f. 리더십을 길러 준다.

2. 각 집단의 촉진자와 함께 참가자들은 소집단으로 '나—전달법' 활동지를 작성한다.

3. 참가자들은 대집단 활동으로 학습지에 답한 것을 공유한다. 수동적 · 자기주장적 · 공격적 진술에 대한 반응이 서로 다르면 그 학생들에게 그 진술을 어떻게 들었는지 설명하도록 한다. 이러한 진술은 목소리 톤, 신체 동작 등이 그 진술이 수동적인지 자기주장적인지, 또는 공격적인지를 결정해 줄 수도 있다는 것을 설명하는 데 사용한다.

D. 자기주장적 의사소통의 가치에 관해 토론을 하도록 한다.

1. 자기주장적 의사소통이 수동적 · 공격적 의사소통은 할 수 없는 무엇을 화자에게 말해 주는가?(자기 통제를 하게 함, 원하는 것을 알게 해 줌, 자신에 대한 확신 등)

2. 수동적 · 자기주장적 · 공격적 방법 중 어떤 의사소통 방법이 사람들이 원하는 것을 갖게 해 줄 수 있는가? 왜 그럴까?

III. 다음 행동 계획(결과 예측하기): 학생들과 촉진자가 소집단을 만들도록 한다. 촉진자를 포함하는 각 집단 구성원들은 자신의 '단기목표 도달 단계' 활동지를 보고 다음 회기 이전에 어떤 행동을 할 것인지 결정한다. 그런 다음 각 구성원들은 그 행동에 대한 결과 예측 활동지를 완성한다. 학습지를 완료한 후 각 참가자들은 자신의 계획된 행동에 관해 재진술하고 촉진자는 차트에 그 계획을 기록한다.

IV. 정리

A. 과제 부과하기: 학생들에게 과제는 이전 활동에서 학생들이 선택한 행동을 완성하는 것이라는 것을 상기시킨다.

B. 다음 회기 소개하기

1. 마지막 회기를 학생들과 계획한다. 학습순서를 학생들과 검토하고 다음 회기를 위한 멘토 초청 글의 초안을 학생들과 공유한다. 초청 글에 대해 집단이 피드백을 하도록 하고 그에 따라 적절하게 수정한다(멘토가 예정된 시간에 일정을 잡을 수 있도록 수업 후 신속하게 초청장을 메일로 보낼 수 있도록 한다.).
2. 다음 주에는 과제에 관해 논의를 할 것이며 수동적 · 자기주장적 · 공격적 의사소통에 관해서 더 자세히 살펴볼 것이라고 학생들에게 말한다. 자기주장적 의사소통 기술을 발달시키고 그 기술을 자기결정성을 향상시키기 위해 사용할 것이라고 말한다.

지도상 유의점, 교수적 수정 및 기타 활동

자기결정성 증진 프로그램의 12회기 진행을 위한 제안사항은 다음과 같다.

1. 학생들이 최근에 사용한 의사소통 유형(수동적, 자기주장적, 공격적)과 그 의사소통의 결과에 대해서 설명하도록 한다. 부가적으로 자신의 경험 또는 영화, TV 등의 경험을 이용하여 의사소통 유형을 설명하고 그 결과에 대해 이야기하도록 한다. 학생들이 다른 학생들 또는 교사들의 행동에 관해 이야기하는 것은 지양하도록 한다.
2. 비디오 〈12 Angry Men〉(Fonda & Lumet, 1957)을 시청한다. 그 영화를 수동적 · 자기주장적 · 공격적 의사소통에 관한 활발한 논의 자료로 사용한다.
3. 자기주장적, 공격적, 수동적 의사소통에 대한 시나리오를 쓰고 학생들이 역할극을 하도록 한다.

생각 보태기

Session 13

자기주장적 의사소통 2

학습목표

13회기에서, 학생들은 다음 목표를 성취할 수 있다.

1. 참가자들은 지난 회기부터 자기결정적인 사람이 되기 위해 했던 행동의 결과를 확인한다.
2. 수동적 · 공격적 · 자기주장적 의사소통을 구별한다.
3. 참가자들은 단기목표 달성을 위해 다음 회기 전에 무엇을 할 수 있는지 확인한다.

준비

수업 준비 사항은 다음과 같다.

1. 수업의 내용과 교재를 확인하여 내용에 친근해진다. 적절한 부분에 일화나 이야기를 추가한다.

2. 학생이 지난 회기에 계획했던 단기목표와 행동을 전시한다.
3. 수동적 · 공격적 · 자기주장적 의사소통에 대한 역할극을 만들어 준비한다.
4. 단기목표 달성을 위한 다음 행동을 밝히고 그 행동으로 인한 잠정적 결과를 결정한다.
5. OHP나 파워포인트 슬라이드를 만들고 필요하면 복사하여 유인물을 준비한다.

학습자료 및 교구

다음과 같은 학습자료와 교구가 필요하다.

1. OHP, 컴퓨터, LCD 프로젝터
2. 차트와 마커펜
3. 형광펜

개관

13회기에 대한 개관은 다음과 같다.

Ⅰ. 수업 소개(10분)
  A. 과제 검사하기
  B. 학습순서 검토하기(부록: 자기주장적 의사소통 II (Assertive Communication) 학습순서)
II. 자기주장적 의사소통의 원칙 연습(35분)
  A. 자기주장적 의사소통 검토하기(부록: 수동적 · 공격적 · 자기주장적 의사소통(Passive, Aggressive and Assertive communication); 부록: 자기주장적 의

사소통의 단계(Steps to Assertive Communication))

B. 자기주장적 의사소통 시나리오에 따라 역할극하기

Ⅲ. 다음 행동 계획(결과 예측하기)(5분)

Ⅳ. 정리(5분)

A. 과제 부과하기

B. 다음 회기 소개하기

내용

13회기의 구체적 절차에 대한 개요는 다음과 같다.

Ⅰ. 수업 소개

A. 과제 검토하기: 학생들이 소집단으로 모여 '단기목표 달성을 위한 단계' 활동지에서 선택한 행동을 공유하도록 한다. 그리고 (a) 그 행동의 결과와 (b) 학습한 내용을 확인한다.

각 집단의 촉진자는 질문을 구조화하여 참가자들이 서로에게 상세하고 구체적인 피드백을 줄 수 있도록 장려한다. 촉진자는 행동으로 옮기고 그로부터 학습한 학생들을 위한 긍정적인 강화를 시범 보이고 이를 촉진한다. 촉진자 역시 행동을 통해 학습한 것을 공유함으로써 집단의 참가자가 된다.

이러한 논의가 이루어지는 동안에는, 수용적이고 지지적인 분위기를 조성하는 것이 중요하다. 이런 분위기는 서로의 말에 주의 깊게 귀 기울이고, 참가자들이 긍정적 결과를 얻거나 행동으로부터 무언가를 배웠을 때 함께 축하해 줌으로써 형성될 수 있다.

어떤 학생이 행동을 했으나 기대했던 결과를 얻지 못했다면, 그 학생이 직면한 장애물을 분석하고 필요한 조정(adjustment)을 할 수 있도록 도와준다. 목표 달성을 못하거나 실수를 하는 것은 새로운 것을 배울 수 있는 다른 기회가 생기는 것임을 학생들이 이해하도록 한다. 학습지에서 학생들이 성공적으로 성취한 행동이나 단계에 형광펜으로 강조하도록 한다.

B. 학습순서 검토하기(부록: 자기주장적 의사소통 II 학습순서).

II. 자기주장적 의사소통의 원칙 연습

A. 자기주장적 의사소통 검토하기

1. 수동적 · 공격적 · 자기주장적 의사소통의 개념을 간단히 검토한다(부록: 수동적 · 공격적 · 자기주장적 의사소통).
2. 자기주장적 의사소통의 단계를 간단히 검토한다(부록: 자기주장적 의사소통의 단계).

B. 자기주장적 의사소통 극본에 따라 역할극하기

1. 대집단으로 수동적 · 공격적 · 자기주장적 의사소통의 역할극을 한다. 집단 내 학생들은 시연한 의사소통의 유형을 밝힌다.
2. 소집단활동으로 학생들은 수동적 · 공격적 · 자기주장적 의사소통 유형을 나타내는 역할극 상황을 직접 만들어 본다. 각 그룹에 배치된 촉진자들은 학생들의 역할극에 각 의사소통 유형(수동적, 공격적, 자기주장적)이 반드시 포함되도록 한다.
3. 각 집단은 대집단으로 역할극 한 편을 시연한다.
4. 자기결정에 자기주장적 의사소통이 얼마나 중요한지에 대해 대집단활동을 통해 논의한다. 다음의 요점들을 이끌어 내고 강조해야 한다.
   a. 소극적인 사람은 자기결정적인 사람이 될 수 없다.
   b. 공격적 진술은 상대방이 자신의 요구에 집중하도록 하기보다는 공격 자체에 집중하게 한다.
   c. 나-전달법은 화자가 느끼는 것, 믿는 것, 또는 원하는 것을 분명하게 밝혀 준다. 나-전달법은 다른 사람에 대한 화자의 경험도 전달해 준다. 나-전달법은 다른 사람에 대한 진술("넌 위협적이고 못된 사람이야.")이 아니고, 화자의 개인적인 경험을 조심스럽게

드러내는 방법("네가 큰 소리로 말하면, 나는 무서워져.")이다. 상대방은 종종 같은 상황에서 다른 경험을 할 수도 있다. 특히 의견 충돌이나 화난 감정이 있을 때 더욱 그렇다("난 그러지 않았어!" "너도 그랬어!"와 "너는 화내면서 말하려고 하지 않았다고 해도, 너의 말은 내게 그렇게 들렸고 그래서 무서웠어."). 나-전달법은 화자에게 중요한 것이 무엇인지 상대방에게 알려 주거나, 상대방에게 무엇을 하라고 지시하지 않으면서 요구를 전달해 준다.

d. 공격적 진술은 '위협'을 사용하는데, 대부분의 사람들은 '위협'에 잘 반응하지 않는다.

Ⅲ. 다음 행동 계획하기(결과 예측하기): 학생과 촉진자들을 소집단으로 돌아가도록 한다. 촉진자를 포함한 집단 구성원들은 자신의 '단기목표 달성을 위한 단계' 활동지를 살펴보고 다음 회기 이전에 어떤 행동을 선택할지 결정한다. 그런 다음 모든 참가자들은 그 행동과 관련하여 '결과 예측하기' 활동지를 완성한다. 활동지를 완성한 후, 모든 참가자들은 자신이 계획한 행동을 재진술하고, 촉진자는 그 행동을 칠판에 기록한다.

Ⅳ. 정리

A. 과제 부과하기: 참가자들에게 계획한 행동을 멘토에게 이야기하고 실행에 옮기는 것이 과제라고 알려 준다. 다음 회기는 이 과제에 대한 논의로 시작할 것이다.

B. 다음 회기 소개하기: 학생들에게 다음 회기에는 다른 사람과 타협할 때 자기주장적 의사소통을 어떻게 이용할 수 있는지에 대해 배울 것이라고 말해 준다. 타협 기술은 자기결정에의 장벽에 부딪힐 때 도움이 될 수 있다.

지도상 유의점, 교수적 수정 및 기타 활동

자기결정성 증진 프로그램 사용자들의 13회기에 대한 제안 내용은 다음과 같다.

1. 학생들이 스스로 수동적 · 자기주장적 · 공격적 의사소통을 나타내는 역할극을 만들게 한다.
2. 학생들이 관련 있는 상황(예를 들어, 부모님이 방을 청소하라고 하신다거나, 친구가 전화하기로 한 약속을 지키지 않았다거나, 상사가 늦게까지 일하라고 하는 등)에서 수동적 · 자기주장적 · 공격적 반응에 대한 역할극을 할 수 있도록 한다.
3. 학생들이 상황을 구성하고, 수동적 · 자기주장적 · 공격적 반응에 대한 역할극을 하도록 한다.
4. 구어 의사소통 기술을 강화하기 위한 구직 면접 역할극을 추가하고 직업인식과 연계한다. 면접에 사용된 의사소통의 유형(수동적, 자기주장적, 공격적)을 학생들이 식별할 수 있도록 도와준다. 면접 상황에서 언제 서로 다른 의사소통 유형을 사용하여야 하는지 논의한다.

생각 보태기

Session 14

타 협

학습목표

14회기에서, 학생들은 다음 목표를 성취할 수 있다.

1. 자기결정적인 사람이 되기 위해 지난 회기에서 학생들이 선택했던 행동의 결과를 확인한다.
2. 문제에 대한 '윈-윈' 해결법을 도출한다.

준비

수업 준비 사항은 다음과 같다.

1. 본 회기의 내용과 교재를 검토하고 친숙해진다. 자신의 경험과 이야기를 적절한 곳에 추가한다.
2. 학생들이 지난 회기에 계획했던 단기목표와 행동을 게시한다.
3. 성공적인 타협을 보여주는 역할극을 만들고 준비한다.

4. 단기목표 달성을 위한 다음 행동을 확인하고 잠정적 결과를 결정한다.
5. OHP나 파워포인트 슬라이드를 만들고 필요하면 복사하여 유인물을 준비한다.

학습자료 및 교구

다음과 같은 학습자료와 교구가 필요하다.

1. OHP, 컴퓨터, LCD 프로젝터
2. 칠판과 마커
3. 형광펜

개관

14회기에 대한 개관은 다음과 같다.

Ⅰ. 수업 소개(8분)
  A. 과제 검토하기
  B. 학습순서 검토하기(부록: 타협(Negotiation) 학습순서)
Ⅱ. 타협에 대한 강의(38분)
  A. 주제 소개하기(부록: 그림 24; 부록: 타협의 단계(Steps in Negotiation); 부록: 타협이 실패하는 이유(Why Negotiations Fail)
  B. 효과적인 타협 역할극 시연하기
Ⅲ. 다음 활동 계획(결과 예측하기)(5분)
Ⅳ. 정리(4분)
  A. 과제 부과하기

B. 다음 회기 소개하기

내용

다음은 14회기의 구체적 절차에 대한 개요다.

Ⅰ. 회기 소개

A. 과제 검토하기: 참가자들이 소집단으로 모여 '단기목표 달성을 위한 단계' 활동지에서 선택한 행동을 공유하도록 한다. 그리고 (a) 그 행동의 결과와 (b) 참가자들이 학습한 것을 확인한다.

각 그룹의 촉진자는 질문을 구조화하여 참가자들이 서로에게 상세하고 구체적인 피드백을 줄 수 있도록 장려한다. 촉진자는 행동으로 옮기고 그로부터 학습한 학생들을 위한 긍정적 강화를 시범 보이고 이를 촉진한다. 촉진자 역시 행동을 통해 자신이 학습한 것을 공유함으로써 집단의 참가자가 된다.

이러한 논의가 이루어지는 동안에는 수용적이고 지지해 주는 분위기를 조성하는 것이 중요하다. 이런 분위기는 서로의 말에 주의 깊게 귀 기울이고, 참가자들이 긍정적 결과를 얻거나 행동으로부터 무언가를 배웠을 때 함께 축하해 줌으로써 형성될 수 있다.

어떤 학생이 행동을 실행에 옮겼지만 기대했던 결과를 얻지 못했다면, 그 학생이 직면한 장애물을 분석하고 필요한 조정을 만들도록 도와준다. 목표를 달성하지 못하거나 실수를 하는 것이 무언가 새로운 것을 배울 기회가 됨을 이해하도록 도와준다.

B. 학습순서 검토하기(부록: 타협 학습순서).

Ⅱ. 타협에 대한 강의

A. 주제 소개하기

1. 윈-윈 타협의 개념을 소개한다: 타협의 목적은 두 사람 모두가 원하

는 것을 얻을 수 있는 문제 해결책을 찾는 것임을 설명한다. 윈-윈의 개념을 논의하고(부록: 그림 24) '윈-루즈(win-lose)' 개념과 대조해본다. 윈-윈 상황에서는 두 사람 모두 이익을 얻을 수 있으며, 서로의 관계가 향상된다. 모든 욕구를 만족시킬 필요 없이 단지 필요를 충족시켰다는 점에서 충분히 이겼다고 볼 수 있다.

2. 타협의 단계를 확인한다: 학생들이 지금 겪고 있는 혹은 겪었던 다른 사람과의 문제나 갈등을 밝히도록 한다. 타협의 단계를 설명하기 위해 이 문제들 중 하나를 예시로 제시한다(부록: 타협의 단계와 관련한 유인물). 타협을 통해 모든 사람의 필요를 아는 것이 중요하다고 강조한다.

   * 참고: 2단계를 설명할 때 자기주장적 경청 전략을 다시 살펴보고, 3단계를 논의할 때는 자기주장적 의사소통의 단계를 살펴본다.

3. 왜 타협이 실패하는지 논의한다(부록: 타협이 실패하는 이유와 관련한 유인물).

B. 효과적인 타협 역할극하기: 부록: 타협의 단계에 명시된 모든 단계를 사용하여 타협 역할극을 한다. 학생들과 관련 있는 상황을 근거로하여 역할극을 구성하는 것이 중요하다. 역할극이 끝난 후에는, 학생들이 타협의 단계(the Steps in Negotiation)에 따라 역할극에 나타난 각 단계를 확인해 보도록 한다.

Ⅲ. 다음 행동 계획(결과 예측하기): 학생과 촉진자들은 소집단으로 돌아가도록 한다. (촉진자를 포함한) 집단 구성원들은 자신의 '단기목표 달성을 위한 단계' 활동지를 살펴보고 다음 회기 이전에 어떤 행동을 선택할지 결정한다. 그런 다음, 모든 참가자들은 그 행동과 관련하여 '결과 예측하기' 학습지를 완성한다. 학습지를 완성한 후, 모든 참가자들은 자신이 계획한 행동을 다시 말하고, 촉진자는 그 행동을 칠판에 기록한다.

Ⅳ. 정리

A. 과제 부과하기: 참가자들에게 그들이 계획한 행동을 멘토에게 이야기하고 실행에 옮기는 것이 과제라고 말한다. 다음 회기는 이 과제에 대

한 논의로 시작할 것이다.

B. 다음 회기 소개하기: 학생들에게 다음 회기에는 다른 사람들과의 갈등을 해결할 때 자기주장적 의사소통을 어떻게 활용할 수 있는지에 대해 배울 것이라고 말해준다. 갈등 해결 기술은 자기결정에의 장벽에 부딪혔을 때 도움이 될 수 있다.

지도상 유의점, 적용 및 기타 활동

자기결정성 증진 프로그램의 14회기 진행을 위한 제안사항은 다음과 같다.

1. 학생들이 경험했던 타협을 '윈-윈' 목록과 '윈-루즈' 목록으로 작성하도록 한다. 이 두 가지 타협 형태의 차이가 무엇인지, '윈-윈' 타협이 어떻게 더 오래 지속되는 자기결정을 유도하는지에 대하여 논의한다.
2. 학생들에게 추가적인 잠재적 갈등 상황을 구성해 보도록 한다. 학생들은 시나리오대로 역할극을 해 보거나 잠재적인 '윈-윈' 해결책을 찾아볼 수 있다.
3. 현재 기사화되고 있는 개인 간 또는 국가 간 갈등을 제시한다. 잠재적인 윈-윈 해결책에 대한 아이디어를 생성한다.

생각 보태기

Session 15

갈등 해결

학습목표

15회기에서, 학생들은 다음과 같은 목표를 성취할 수 있다.

1. 자기결정적인 사람이 되기 위해 이전 회기로부터 취한 행동들의 결과를 평가할 수 있다.
2. 타협을 통하여 갈등을 해결할 수 있다.

준비

수업 준비사항은 다음과 같다.

1. 이번 회기의 학습내용과 자료에 익숙해진다. 적절한 시점에서 자신의 일화(예화)를 첨가한다.
2. 학생들의 이전 회기의 단기목표와 계획한 행동들을 게시한다.
3. 성공적인 타협과 관련된 역할극을 준비한다.

4. 단기목표 달성을 위한 다음 행동을 확인하고 잠정적 결과를 평가해 본다.
5. OHP나 파워포인트 슬라이드를 만들고, 필요하다면 유인물을 준비한다. 이 장의 뒷부분에 제시되어 있는 4개의 갈등 해결 유인물을 복사해 놓는다.

학습자료 및 교구

다음과 같은 학습자료와 교구가 필요하다.

1. OHP, 컴퓨터, LCD 프로젝터
2.차트와 마커
3. 형광펜
4. 칠판(선택사항)

개관

15회기에 대한 개관은 다음과 같다.

Ⅰ. 수업 소개 (8분)
  A. 과제 검토하기
  B. 학습내용과 절차 살펴보기(부록: 갈등 해결(Conflict Resolution) 학습순서)
Ⅱ. 타협을 통한 갈등 해결 수업 소개 (37분)
  A. 타협을 통한 갈등 해결에 대한 논의 이끌기(부록: 타협의 단계, 타협이 실패하는 이유)
  B. 갈등 해결 시나리오 역할극하기(부록: 타협의 단계; 학습자료 1, 2: 팀 과제, 학습자료 3, 4: CD 플레이어)
Ⅲ. 다음 행동 계획(결과 예측하기) (5분)

IV. 정리(5분)

A. 과제 부과하기

B. 마지막 회기 소개하기

내용

15회기의 구체적인 절차에 대한 개요는 다음과 같다.

I. 수업 소개

A. 과제 검토하기: 학생들이 소집단으로 만나서 작성한 '단기목표 달성을 위한 단계' 활동지를 서로 공유하게 하며, (a) 활동지에 적은 것을 실행한 결과와 (b) 그것을 통해 배운 것을 확인하게 한다.

각 집단의 촉진자는 질문을 구조화하여 참가자들이 서로에게 상세하고 구체적인 피드백을 줄 수 있도록 장려한다. 촉진자는 행동으로 옮기고 그것으로부터 학습한 학생들을 위한 긍정적 강화를 시범 보이고 이를 촉진한다. 촉진자 역시 행동을 통해 자신이 학습한 것을 공유함으로써 집단의 참가자가 된다.

이러한 논의가 이루어지는 동안에는, 수용적이고 지지해 주는 분위기를 조성하는 것이 중요하다. 이런 분위기는 서로의 말에 주의 깊게 귀 기울이고, 참가자들이 긍정적 결과를 얻거나 행동으로부터 무언가를 배웠을 때 함께 축하해 줌으로써 형성될 수 있다.

어떤 학생이 행동을 실행에 옮겼지만 기대했던 결과를 얻지 못했다면 그 학생이 직면한 장애물을 분석하고 필요한 조정을 만들도록 도와준다. 목표를 달성하지 못하거나 실수를 하는 것이 무언가 새로운 것을 배울 기회가 됨을 이해하도록 도와준다.

B. 학습순서 검토하기(부록: 갈등 해결 학습순서).

II. 타협을 통한 갈등 해결 수업 소개

A. 타협을 통한 갈등 해결에 대한 논의 이끌기

1. 갈등의 개념에 대하여 논의한다.

a. 학생들에게 갈등이라는 단어의 뜻이 무엇인지 질문한다. 그리고 누군가와 갈등의 상황에 처해 있다고 가정하게 한다. 그 사람들이 어떤 느낌을 갖는가? 그들은 보통 어떤 방식으로 갈등을 해결하는가? 갈등을 다루고 해결하는 것이 자기결정에 대한 과정의 중요한 한 부분이 될 수 있는가?

b. 대부분의 사람들이 갈등을 다루는 두 가지 기본적인 방법이 있다는 사실을 설명한다.

우리는 그것을 피하거나 직면한다. 회피와 직면 모두에 대한 긍정적인 측면과 부정적인 측면들을 학생들에게 열거해 보게 한다. 이러한 장·단점들을 차트나 칠판에 기록해 보도록 한다.

c. 학생들에게 언제 갈등을 피하는 게 좋을지, 그리고 언제 직면하는 것이 최선일지 생각하고 논의해 보게 한다.

2. 윈-윈(win-win) 타협전략의 개념을 다시 살펴본다(부록: 타협의 단계). 갈등 해결은 사람들 간의 관계를 향상시키며 절대 약화시키지 않음을 강조한다. 덧붙여, 각자의 요구를 확인하기 전에 해결방법을 이야기하는 것은 어떤 해결책이 더 좋은지 판단하는 데 도움이 되지 않는다. 이는 단 두 가지 해결 방법만 있기 때문에 발생한다. 요구를 먼저 확인하는 과정이 간과될 때, 관계는 악화될 뿐 아니라 해결방법은 덜 효과적이 되기 쉽다. 관계를 강화하기 위해서는 다른 사람의 관점과 그 사람의 특정한 요구를 이해하는 데 집중할 필요가 있다.

3. 타협이 실패하는 원인을 다시 검토해 보도록 한다(부록: 타협이 실패하는 이유).

4. 집단별로 어떻게 윈-윈 타협전략이 갈등 해결에 도움이 되는지 고려하고 논의해 보도록 한다.

B. 갈등해결 시나리오 역할극하기

1. 학생들은 촉진자를 포함하여 4명이 한 집단이 되어 갈등해결 시나

리오 역할극(The Class Project; The CD Player)을 해 본다. 각 집단에서 한 사람이 역할 A를 맡고, 한 사람은 역할 B를 맡는다. 다른 한 사람은 관찰자를 맡는다. 이 활동을 준비하기 위해서, 촉진자는 역할 A를 맡은 학생의 역할극 모습을 다른 학생들과 살펴보며, 다른 촉진자는 역할 B의 역할극 모습을 다른 학생들과 살펴본다. 다른 집단에 대한 관찰과 평가는 듣지 못하는 방식으로 이루어지는 것이 중요하다. 자신들의 역할을 다시 한 번 숙지한 후, 학생들은 자신들의 소집단에서 시나리오 역할극을 한다. 그다음으로 관찰자는 타협의 과정에서 무엇이 잘 기능하였고 어떤 것이 그렇지 못했는지를 조언한다. 학생들은 The Class Project와 The CD Player 두 가지 모든 역할극 상황을 사용할 수 있다.

2. 소집단으로 타협 과정의 단계들을 드러내는 역할극을 만든다.
3. 각 소집단은 더 큰 집단에서 역할극을 해 본다. 각각의 소집단에서 관찰자로 하여금 역할극이 끝나면 타협전략의 단계들에 따라 역할극에서 표현한 단계들을 명확히 해 본다(부록: 타협의 단계).
4. 타협의 단계에서 어떤 것이 특히 어려웠는지 살펴보도록 한다. 자기결정에 있어 타협 전략의 중요성을 간략히 공유한다. 때때로 우리가 원하는 것이 다른 사람들(예 상사, 친구, 부모, 형제 또는 자매 등)이 원하는 것과 충돌하기 때문에 자기결정적인 결론을 내리는 것이 어렵다. 이때 자기결정적인 사람이 되기 위해서는 타인의 필요 혹은 요구가 나의 성취목표와 충돌이 생겼을 때 갈등상황에 대한 윈-윈 해결책을 타협적으로 이끌어 낼 수 있어야 한다.

III. 다음 행동을 계획(결과 예측하기): 학생들과 촉진자는 원래 자신들의 소집단으로 돌아간다. 각 구성원들(촉진자 포함)은 '단기목표 달성을 위한 단계' 활동지를 다시 살펴보고 어떤 행동을 이번 주에 실천에 옮길 것인지 결정하도록 한다. 그런 다음 그 행동에 따른 예상되는 결과를 활동지에 적어 본다. 활동지가 완성되면 각 학생들은 자신들이 이번 주에 계획한 행동을 재진술하고 촉진자는 그것들을 차트에 기록한다.

IV. 정리

A. 과제 부과하기: 자신들의 멘토와 함께 계획한 것들에 대해 이야기를 나누고 실천해 보도록 한다.

B. 마지막 회기 소개하기

1. 참여자들에게 다음 회기가 자기결정 과정의 마지막 회기임을 말해준다. 마지막 회기는 학생들이 그동안 이루어 온 것들에 대하여 축하하고, 과정이 종결된 후 보다 자기결정적인 사람이 되기 위하여 어떻게 해야 할지를 살펴보는 데 초점이 맞춰질 것이다.
2. (선택적으로) 마지막 수업을 멘토가 참가할 수 있는 시간으로 재조정하려 한다면 (a) 학생들에게 멘토가 참석할 수 있도록 격려하게 하고, (b) 일정 조정에 대해 확실히 알려주도록 한다.

지도상의 유의점 및 기타 활동

자기결정성 증진 프로그램의 15회기 진행을 위한 제안사항은 다음과 같다.

1. 학생들 간의 관계 또는 정책, 규율에 관계된 교사 혹은 학교행정가가 교실에 와서 갈등 해결에 관해 이야기해 줄 수 있도록 한다.
2. 두 학생이 역할극을 한 것에 대해 반대 입장을 묘사하고 있는 시나리오 역할극을 제공한다. 참여 학생들에게 어떤 감정이 드는지 묘사해 보게 하고, 갈등을 해결하는 과정에서 향상된 것이 있는지 물어본다. 그런 다음 갈등 해결을 위한 본 과정에서 제시된 실행 단계들을 시작해 가도록 한다. 학급 학생들과 시나리오 역할극을 보여준 사람들의 느낌과 과정에 대해 함께 논의해 보게 한다.
3. 학생들에게 갈등 해결에 대한 인터넷 검색을 해 보게 하고 자신들이 찾은 것들을 학급에서 발표해 보게 한다.

생각 보태기

〈학습자료 1〉

갈등 해결

팀 과제

참가자 A

당신은 수업 프로젝트에서 다른 한 학생과 함께 작업을 진행하고 있다. 이 프로젝트는 발표와 보고서 두 가지 모두를 요구한다. 그런데 당신의 파트너는 전혀 기여를 하지 않고 있다. 프로젝트 주제에 대하여 자료를 찾기 위해 도서관에 혼자 갔고, 다음 주에 있을 발표에 대한 틀까지도 당신이 만들어 놓았다. 그러나 당신은 5페이지 분량의 보고서를 작성해야 한다. 당신은 무척 화가 나 있다. 이제 더 이상 혼자서 남아 있는 보고서를 작성하고 싶지는 않다.

아래의 타협 가이드라인을 따라 다른 학생과 타협을 해 보라.

1. 문제를 해결하고자 할 때, 그 절차는 타인과의 관계를 손상시키는 것이 아니라 강화시키는 것이어야 한다.
2. 갈등이나 문제 상황의 해결을 위해 필요로 하는 것(요구하는 것)을 진술해 보도록 한다. 이때 다른 사람의 관점과 표현하는 요구를 이해하기 위해 적극적인 경청을 한다.
3. 자기주장적 의사소통과 나-대화법을 사용하며 문제 해결을 위한 자신의 요구를 이야기한다.
4. 문제 해결이 담아야 할 각 사람의 요구를 리스트로 작성한다.
5. 두 사람 모두의 요구를 충족시키는 해결책에 대하여 각각은 서로 다른 방안을 고려할 수 있다. 이를 해결하기 위해서는 자신의 요구를 기억하는 동시에 타인의 요구를 이해하고 합치점을 이루도록 집중해야 한다. 해결책으

로 두 사람은 해결방법이 자신들의 요구를 어떻게 충족시키는지 봐야 하는데, 그 결과 두 사람 모두 이기는 결과를 얻는다. 기억하라, 두 사람 모두가 이기기 위해서는 각각 무언가를 포기해야만 할 수 있다.

6. 두 사람이 문제 해결을 위한 각자의 생각을 말하고, 어떻게 둘 다 이길 것인지 확인한다.
7. 두 사람 모두의 요구를 충족시킬 정도로 동의할 만한 수준의 해결책을 모색하고 선정하여 실행에 옮길 계획을 수립한다.

〈학습자료 2〉

갈등 해결

팀 과제

참가자 B

당신은 수업 프로젝트에서 다른 한 학생과 함께 작업을 진행하고 있다. 이 프로젝트는 발표와 보고서 두 가지 모두를 요구한다. 당신의 파트너는 바쁘고 당신에게 프로젝트에 대해 어떤 이야기도 하지 않으며 전화도 없다. 당신도 계속 바쁜 상황이며, 당신의 남자(여자)친구와 힘든 시기를 보내고 있다. 또한 다른 수업에서는 큰 시험 준비로 힘든 상황이다. 당신의 파트너는 윗사람 행세를 하는 타입의 사람이다. 당신은 당신의 삶을 잘 관리해 나가고 싶어 한다. 결코 누군가에게 명령받고 싶지는 않다.

〈학습자료 3〉

갈등 해결

CD 플레이어

참가자 A

당신은 인근 전자 할인상점에서 세일 중인 CD 플레이어를 구입하였다. 그런데 집에 가지고 왔을 때 당신은 제품이 제대로 작동하지 않는 것을 발견하였다. CD가 튕기는 현상이 있었다. 당신은 그 상점이 반품이 안 된다는 것을 알고 있다. 하지만 당신은 구입 후 2시간 내에 반품하려고 한다.

아래의 타협 가이드라인을 따라 상점의 점원과 타협해 보라.

1. 문제를 해결하고자 할 때, 그 절차는 타인과의 관계를 손상시키는 것이 아니라 강화시키는 것이어야 한다.
2. 갈등이나 문제 상황의 해결을 위해 필요로 하는 것(요구하는 것)을 진술해 보도록 한다. 이때 다른 사람의 관점과 표현하는 요구를 이해하기 위해 적극적인 경청을 한다.
3. 자기주장적 의사소통과 나-전달법을 사용하며 문제 해결을 위한 자신의 요구를 이야기한다.
4. 문제 해결이 담아야 할 각 사람의 요구를 리스트로 작성한다.
5. 두 사람 모두의 요구를 충족시키는 해결책에 대하여 각각은 서로 다른 방안을 고려할 수 있다. 이를 해결하기 위해서는 자신의 요구를 기억하는 동시에 타인의 요구를 이해하고 합치점을 이루도록 집중해야 한다. 두 사람은 해결방법이 자신들의 요구를 어떻게 충족시키는지 봐야 하는데, 그 결과 두 사람 모두 이기는 결과를 얻는다. 기억하라, 두 사람 모두가 이기기

위해서는 각각이 무언가를 포기해야만 할 수 있다.
6. 두 사람이 문제 해결을 위한 각자의 생각을 말하고, 어떻게 둘 다 이길 것인지 확인한다.
7. 두 사람 모두의 요구를 충족시킬 정도로 동의할 만한 수준의 해결책을 모색하고 선정하여 실행에 옮길 계획을 수립한다.

〈학습자료 4〉

갈등 해결

CD 플레이어

참가자 B

당신은 인근 전자 할인상점에서 이제 막 일을 하기 시작했다. 새로운 직업에 대해 약간 긴장이 된다. 상점 매니저는 다소 퉁명스럽고 까다로운 사람인 것 같다. 그는 그가 당신을 고용할 여유가 있었는지 없었는지 확실치 않았다고 말했다. 지금 이 상점은 모든 제품을 한 번 팔면 그것으로 끝이라는 원칙을 갖고 있다. 이는 사람들이 제품을 구입해 가서 그것을 잘못 조작하여 다시 가져와 반품을 하게 되면 손해를 보기 때문에 만든 원칙이다. 그런데 당신은 만일 누군가가 제품을 가져와 반품을 할 상황이 생기면 어떻게 그 상황을 다루어야 할지 확신이 서지 않는다.

Session 16

이제 어디로 향할 것인가?

학습목표

16회기에서, 학생들은 다음 목표를 달성할 수 있다.

1. 자기결정과 관련된 주요 개념들을 회상할 수 있다.
2. 자기결정에서의 지속적인 진전을 위한 아이디어들을 작성할 수 있다.

준비

수업 준비사항은 다음과 같다.

1. 회기의 학습내용과 자료에 익숙해진다. 적절한 곳에 자신만의 조언을 첨가한다.
2. 반응평가지(reflective writing)를 작성해 본다. 반응평가지는 자신이 성취한 것, 어떻게 성장했는지, 다른 사람의 자기결정을 지원함으로써 자신이 얻게 된 것, 보다 더 자기결정적인 사람이 되기 위한 다음 단계 등을 포함한다.

3. 마지막 회기가 즐겁고 축제 분위기가 되도록 준비한다. 가벼운 다과나 꽃 등을 추가적으로 준비한다. 특별한 회기가 되기 위해 자신의 창의력을 활용한다.
4. OHP 필름이나 파워포인트 슬라이드를 만들고, 필요하다면 유인물을 준비한다. 학생반응평가지(Student Reflection Sheet)와 멘토반응평가지(Mentor Reflection Sheet)는 부록에 포함되어 있다. 또한 이 장의 마지막 부분에 수록된 수료증을 복사해 둔다.

학습자료 및 교구

본 수업을 위해 OHP나 컴퓨터, 그리고 LCD 프로젝터가 필요하다.

개관

16회기의 개관은 다음과 같다.

Ⅰ. 수업 소개(5분)
  A. 학습순서 검토하기(부록: 이제 어디로 향할 것인가?(Where Do We Go from Here?) 학습순서)
  B. 자기결정의 개념을 다시 살펴보기(부록: 자기결정성 모델(Self-Determination Model))
Ⅱ. 성취한 것과 얻은 것에 대한 축하(30분)
  A. 단기목표를 위해 지금까지 완료된 단계를 축하하기(부록: 그림 25)
  B. 성장한 부분과 배운 것들 나누며 축하하기(학생반응평가지와 멘토반응평가지)
Ⅲ. 지속적으로 수행할 개별학습에 대한 계획 수립(15분)

A. 참여자들은 지속적인 진전을 위한 계획을 서로 공유한다(부록: 그림 26).

B. 대집단으로 계획과 반성에 대한 논의를 한다.

IV. 정리(5분)

A. 지속적인 조력과 격려하기

B. 수료증서 수여하기

내용

16회기의 구체적인 절차에 대한 개요는 다음과 같다.

I. 수업 소개

A. 학습순서 검토하기(부록: 이제 어디로 향할 것인가? 학습순서)

B. 자기결정의 개념을 다시 살펴보기: 학생들에게 자기결정이 무엇인지 다시금 살펴보게 한다. 논의를 진행할 때 OHP 필름을 통하여 자기결정성 모델을 살펴본다(부록: 자기결정성 모델). 자기결정적인 사람이 되는 데 필요한 것이 무엇인가에 대하여 배운 것들을 확인하게 하고, 대집단에서의 논의를 이끌면서 주요 핵심들을 요약한다.

II. 성취한 것과 얻은 것에 대한 축하

A. 단기목표를 위해 지금까지 완료된 단계를 축하하기: 학생들에게 단기목표 달성을 위한 단계 활동지를 꺼내게 하고 지금까지 수행한 단계들과 그중 특히 표시되어 있는 활동들을 확인해 본다. 각 학생의 성취들을 강화하고 축하한다(부록: 그림 25).

B. 성장한 부분과 배운 것들 나누며 축하하기

1. 학생과 멘토들로 하여금 이 과정을 통해 배운 것을 반응평가지에 10분 간 써 보게 하고, 이 과정이 자신들을 어떻게 변화시켰는지, 이 과정에서의 경험이 자신감과 개인 역량에 어떤 변화를 야기했는지 물어본다. 멘토가 지금까지 관찰한 학생들의 성장에 대해 적는다.

(학생반응평가지와 멘토반응평가지)

2. 두 명씩 짝을 지어 학생과 멘토는 자신들이 작성한 것들을 서로 나눈다.
3. 대집단으로 학생들이 무엇을 배웠는지 공유하도록 유도하되, 학생들과 멘토들이 대집단에서 느낀 느낌을 공유하도록 한다.

III. 지속적으로 수행할 개별학습에 대한 계획 수립

A. 지속적인 진전을 위한 계획 서로 이야기하기: 과정의 첫 날 자기결정적인 사람이 된다는 것은 평생에 걸친 과정이라고 말했던 것을 회상하도록 한다. 이는 자기결정적이 된다는 것이 이 교실에서 끝나는 것이 아님을 의미한다(부록: 그림 26). 학생들과 멘토들에게 이 과정이 종료된 후 지속적으로 자기결정적이기 위하여 무엇을 하고 싶은지 반응평가지에 10분 동안 적어보도록 한다. 특히 멘토들에게는 무엇을 배웠고, 또 멘토로서 돕는 과정에서 어떤 것이 좋았는지 물어본다.

B. 계획과 반성에 대한 대그룹 논의의 활성화: 학생들과 멘토들에게 (a) 보다 더 자기결정적인 사람이 되기 위한 계획과 (b) 다른 사람이 자기결정적인 사람이 되도록 도우면서 자신에게 어떤 좋은 점이 있는지에 대해 각각 공유해 보도록 한다.

IV. 정리

A. 지속적인 격려하기: 자기결정적인 사람이 되는 데 있어 학생들이 서로 도움을 주고받을 수 있다는 사실을 안다. 본 과정에 참여한 것과 서로 잘 도와준 것에 대한 감사를 전한다. 또한 과정 이후에도 지속적인 도움이 있을 것임을 알린다.

B. 수료증 수여하기: 학생, 촉진자, 멘토에게 수료증을 개별적으로 수여한다.

지도상의 유의점 및 기타 활동

자기결정성 증진 프로그램의 16회기 진행을 위한 제안사항은 다음과 같다.

1. 학생들끼리 자신들이 자기결정적인 사람이 된 것에 대해 어떻게 느끼는지, 그리고 자신들이 적절한 목표를 선정하였다고 생각하는지 물어보게 한다.
2. 마지막 수업을 축하하기 위한 디저트 뷔페를 준비한다.
3. 자기결정적인 사람이 되어 본 경험을 서로 인터뷰하게 한다. 다음의 질문들이 가능하다.
   - 당신의 단기목표는 무엇이었나요?
   - 그것을 달성하였나요?
   - 만일 그렇지 않다면, 졸업할 때까지(또는 다른 과정에서) 그것을 이룰 수 있을까요?
   - 만일 그렇지 않다면 그 이유는 무엇 때문인가요?
   - 당신이 반드시 포함해야 할 단계들이 있습니까?
   - 목표를 잡고 그것을 성취하는 것과 관련하여 무엇을 배웠나요?
   - 당신에게 있어 자기결정적으로 된다는 것은 무엇을 의미합니까?
4. 한 교사가 가재요리를 하여 학생들과 멘토를 자신의 집으로 초청하고 학생들의 성취를 축하하였다. 또 다른 교사는 학교에서 바비큐를 준비하였다.
5. 학생들이 감사카드나 작은 선물을 자신의 멘토에게 드리게 한다.

생각 보태기

부록 A &B

부록 A

오리엔테이션

그림 1

오리엔테이션

워크숍 개관

[학습순서]

❖ 서로에 대해 알기

❖ 자기결정성 모델 개관

❖ 자기 인식

❖ 자기 수용

❖ 권리와 책임

❖ 가족과 친구의 지원 평가

❖ 타인의 자기결정 지원

워크숍

워크숍

[학습순서]

❖ 서로에 대해 알기

❖ 자기결정성 모델 개관

❖ 자기 인식

❖ 자기 수용

❖ 권리와 책임

❖ 가족과 친구의 지원 평가

❖ 타인의 자기결정 지원

워크숍

서로에 대해 알기

다음 사항을 조원들과 나누세요.

❖ 그 사람에 대해 가장 좋아하는 부분이 무엇인가요?

❖ 그 사람이 원하는 무언가를 얻거나 목표에 도달하기 위하여 열심히 노력한 것을 본 경험이 있나요?

워크숍

자기결정성 모델

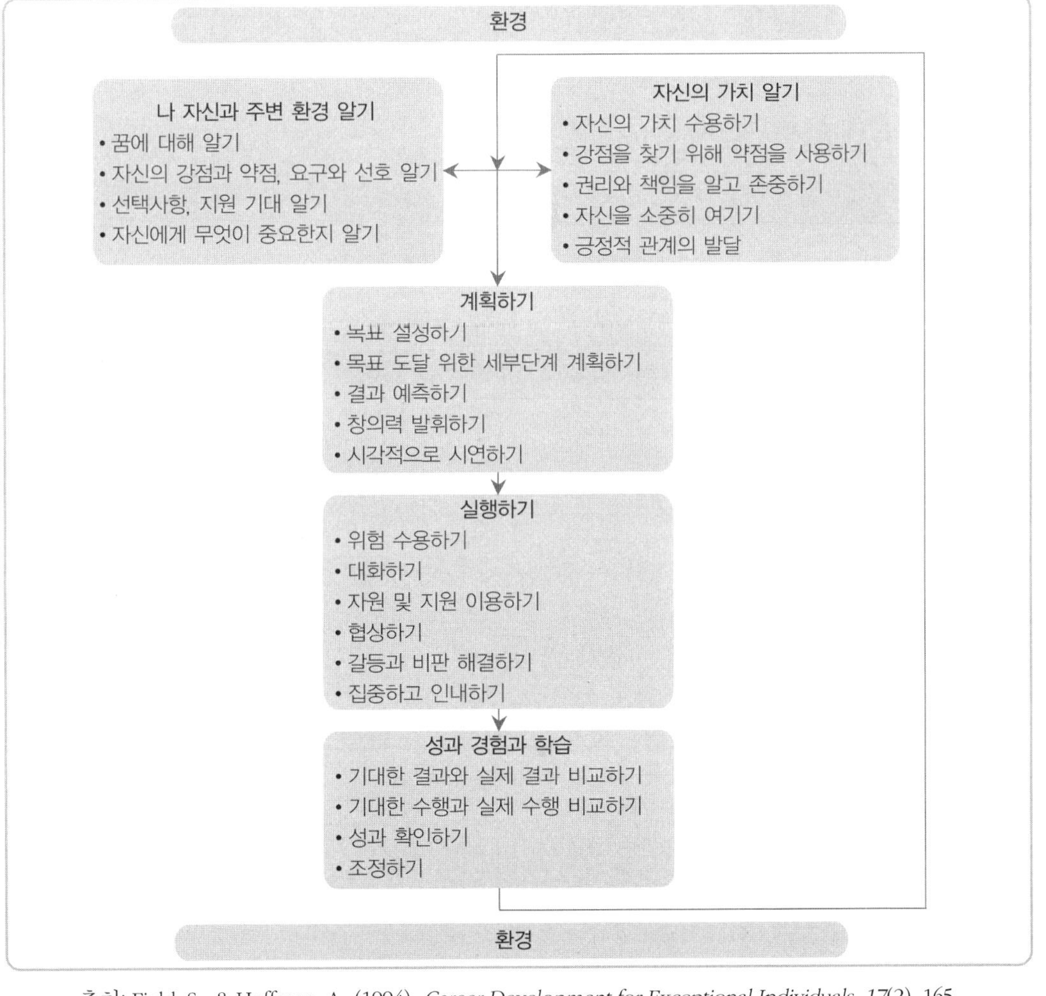

출처: Field, S., & Hoffman, A. (1994). *Career Development for Exceptional Individuals, 17*(2), 165.

워크숍

마크(Mark)의 이상적 자아

영역	마크의 이상적 자아	이상적 자아와 마크의 부분
신체적	대표 농구팀에 속하고 싶다.	
정신적	글을 빨리 읽는다.	
정서적	자신감이 있고 사교적이다.	
사회적	친구들 특히, 여자친구가 많다.	
신뢰	잘 될 것이라는 강한 믿음을 가진다. 걱정이 없다.	

워크숍

그는 이미 농구를 잘하고, 대표 선수들과 길거리 게임에서 뒤지지 않는다.

그는 스포츠 신문을 빨리 읽는 방법을 배웠고, 공포물도 꽤 빨리 읽을 수 있다.

그는 그가 준비를 잘했을 때, 더 잘한다는 것을 알고 있다.

그는 좋은 친구들이 몇 명 있고, 길거리 농구 게임을 통하여 남자 친구들을 더 많이 만날 기회를 가지고 있다. 그는 데이트의 경험이 있으며, 그에게 친절한 몇몇 여학생들과 같은 반이다.

그는 언젠가는 여자친구가 생길 것이라고 생각하기 시작했고, 좀 더 인내심을 가지게 되어서 덜 외롭게 되었다.

워크숍

마크의 약점과 숨겨진 강점

신체적: 그는 농구 경기에서 외곽슛을 잘 넣지 못한다.

숨겨진 강점: 그는 공을 패스하는 실력이 좋아졌다.

정신적: 수학과 과학 과목이 약하다.

숨겨진 강점: 이 과목들을 잘하는 여학생들과 친구가 되었고, 친구들이 그를 도와주고 있다. 그가 지각한 약점은 그에게 사회적 관계를 형성하는 기회를 제공하고 있다. 또한 그는 아는 체하듯 행동하지 않는다. 그는 그가 어려움을 겪고 있는 점들이 있다는 것을 인정하고 있다.

정서적: 그는 그가 잘 알지 못하는 사람들과 대화를 나눌 때 긴장을 한다.

숨겨진 강점: 그는 자신이 잘 알지 못하는 사람들을 만나기 전에 준비를 하였을 때 덜 긴장한다는 것을 알게 되었다. 그는 그의 삶의 다른 영역에서도 준비가 필요함을 알게 되었다.

사회적: 부끄러움을 많이 탄다.

숨겨진 강점: 그는 다른 사람의 이야기를 경청한다. 또한 부끄러움을 많이 타는 다른 사람들에게 친절하며, 민감하다.

신념: 그는 자신의 미래에 대한 확신이 없다.

숨겨진 강점: 그는 가능성이 열려 있다. 그는 다른 사람의 생각들을 반영한다.

워크숍

그림 2

워크숍

그림 3

워크숍

권리와 책임이란 무엇인가?

권리란 특정한 이익을 주장하고 또 누릴 수 있는

법률상의 능력을 말한다.

책임이란 맡아야 할 임무나 의무를 말한다.

워크숍

자기결정성 단계

[회기 주제와 지원 제안]

1회기. 가능성을 여는 꿈꾸기

주제: 학생들은 자신의 꿈과 희망에 대한 인식을 높인다.

지원: 학생들의 꿈에 대하여 개방적이어야 하며, 중요한 것은 그 꿈이 당신이 생각하기에 현실적인가, 비현실적인가가 아니라 그 또는 그녀에게 무엇을 의미하는가를 이해하는 것이다.

2회기. 나에게 중요한 것은 무엇인가?

주제: 학생들은 자신과 자신에게 중요한 것이 무엇인지에 대한 이해를 높인다.

지원: 학생들이 알려주는 정보 이외에 다른 부분들도 그/그녀에게 중요할 수 있다고 생각하도록 돕는다.

3회기. 장기목표를 위한 선택 만들기

주제: 학생들은 그들에게 중요한 것과 관련된 장기목표를 생각한다.

지원: 학생들이 5가지 영역에서 5가지 요구들을 발견하고, 이러한 요구들이 삶의 복잡함과 다른 사람을 위한 일을 하는 동안에도 충족되도록 한다.

4회기. 목표 세우기

주제: 학생들은 장기목표를 세우고, 장기목표를 여러 개의 단기목표로 나눈다. 이들 중 하나는 이 과정 중에 성취될 수 있다.

지원: 이 과정 동안 현실적으로 성취될 수 있는 단기목표를 선택하도록 학생을 지원한다.

5회기. 단기목표 설정하기

주제: 학생들은 단기목표를 성취할 수 있도록 더 작은 하위목표로 나누는 법을 학습한다.

지원: 과제를 성취하기 위하여 작은 일부터 시작하는 것이 효과적이고 효율적임을 설명한다.

6회기. 단기목표 달성을 위한 단계 계획하기

주제: 학생들이 단기목표에 도달하기 위하여 필요한 단계들을 확인한다.

지원: 학생들이 현실적인 단계들을 생각할 수 있도록 돕는다.

7회기. 단계별 활동 계획하기

주제: 학생들은 단기목표에 대한 각각의 단계들을 시행할 수 있도록 하는 활동들을 계획한다.

지원: 단기목표에 도달하기 위하여 계획을 공유할 때 학생들을 지지한다. 어떤 단계라도 완성되지 않으면 목표가 성취되기 어렵기 때문에 너무 잘게 나눈 단계라는 것은 없다는 것을 깨닫도록 돕는다.

8회기. 첫 단계 시작하기

주제: 단기 계획에 도달하기 위한 첫 번째 단계를 계획한다(학생들이 자신들의 행동의 결과를 예측하고 그들이 의도한 바를 시현하는 것을 포함하여).

지원: 학생의 계획을 듣고 도움이 되는 지원을 제공한다.

9회기. 장애를 창의적으로 극복하기

주제: 학생들은 자기결정을 하는 과정 동안 마주치게 될 장벽들을 어떻게 피하고 극복할 수

있는지 창의적인 방법들을 배우게 된다.

지원: 학생들이 자기결정적으로 변하면서 장벽들을 극복할 수 있는 방법들을 찾도록 돕는다. 그/그녀의 단기목표에 관련된 단계들을 논의 및 강화하고, 단기목표에 도달하기 위한 계획들을 지지한다.

10회기. 친구에게서 얻는 작은 도움

주제: 학생들은 집단 자원이 문제 해결에 도움이 된다는 것을 학습한다.

지원: 그/그녀의 단기목표에 관련된 단계들을 논의 및 강화하고, 단기목표에 도달하기 위한 계획들을 지지한다.

11회기. 자기결정으로의 여정

주제: 학생들은 장애인을 만나 자기결정력을 갖추는 과정에 대하여 이야기를 나눈다.

지지: 강사가 자기결정을 이루어 가는 과정에 대하여 이야기할 수 있도록 한다. 그/그녀의 단기목표에 관련된 단계들을 논의 및 강화하고, 단기목표에 도달하기 위한 계획들을 지지한다.

12회기. 자기주장적 의사소통 1

주제: 학생들은 자기주장적 의사소통이 공격적이거나 수동적인 의사소통보다 그들이 원하는 바를 성취하는 데에 효과적임을 학습한다.

지원: 학생들의 자기주장적 의사소통을 강화한다. 그/그녀의 단기목표에 관련된 단계들을 논의 및 강화하고, 단기목표에 도달하기 위한 계획들을 지지한다.

13회기. 자기주장적 의사소통 2

주제: 학생들은 공격적 · 자기주장적 · 수동적 의사소통 간의 차이를 학습하고, 자기주장적 의사소통을 적절하게 사용하는 것을 배운다.

지원: 학생들이 자신의 단기목표의 다음 단계에 대하여 이야기하면 신중히 듣고, 관심을 보이며, 질문을 던진다.

14회기. 타협

주제: 학생들은 두 사람 모두 원하는 바를 얻으며 다른 사람과 타협하는 법을 배운다.

지원: 학생들과 함께 단기목표에 도달하기 위하여 계획한 것들 중 남은 단계들에 대하여 이야기 나눈다.

15회기. 갈등 해결

주제: 학생들은 타협, 자기주장적 의사소통에서 기술을 적용하는 방법과, 갈등의 '윈-윈' 해결을 위하여 '나-대화법' 을 사용하는 방법을 학습한다.

지원: 다음 회기가 마지막 수업임을 상기시키며, 단기목표에 대한 학생들의 진행 상황에 대해 질문한다.

16회기. 이제 어디로 향할 것인가?

주제: 학생들은 자기결정적인 삶을 사는 것을 인생의 과정에서 어떻게 지속할 수 있는지 계획함으로써 이 과정에 대한 결론을 나눈다.

지원: 학생들의 이야기를 흥미를 가지고 듣고, 그들이 도움을 필요로 할 때 생각을 할 수 있도록 돕는 질문을 던진다.

1회기

그림 4

1회기

가능성을 여는 꿈꾸기

[학습순서]

❖ "크리산의 이야기"

❖ 활동: 꿈, 꿈, 꿈……

❖ 다음 회기 살펴보기

1회기

자기주장적 경청

1. 주의 깊게 들으세요.

2. 명료화 질문을 하세요.

3. 말하는 이에게 무엇을 들었는지 다시 말해 보세요.

4. 말하는 이가 말하는 것을 받아들이세요.

말하는 이에게 도전하지 않도록 합니다.

2회기

나에게 중요한 것은 무엇인가?

[학습순서]

❖ 무엇이 중요한지 발견하기

❖ 자기주장적 경청

❖ 활동: 나에게 중요한 것은 무엇인가?

❖ 과제

❖ 다음 회기 살펴보기

2회기

그림 5

2회기

자기주장적 경청

1. 주의 깊게 들으세요.

2. 명료화 질문을 하세요.

3. 말하는 이에게 무엇을 들었는지 다시 말해 보세요.

3회기

장기목표를 위한 선택 만들기

[학습순서]

❖ 목표 세우기

❖ 활동: 선택 만들기

❖ 자기 돌보기

❖ 과제

❖ 다음 회기 살펴보기

3회기

그림 6

3회기

그림 7

3회기

그림 8

4회기

목표-우리가 성취하고자 하는 것

4회기

목표 세우기

[학습순서]

❖ 과제 검토: 자기 돌보기–강점과 필요

❖ 장기목표 선택하기

❖ 활동: 선택의 범위 좁히기

❖ 활동: 등산하기

❖ 단기목표 세우기

❖ 과제

❖ 다음 회기 살펴보기

4회기

등산하기

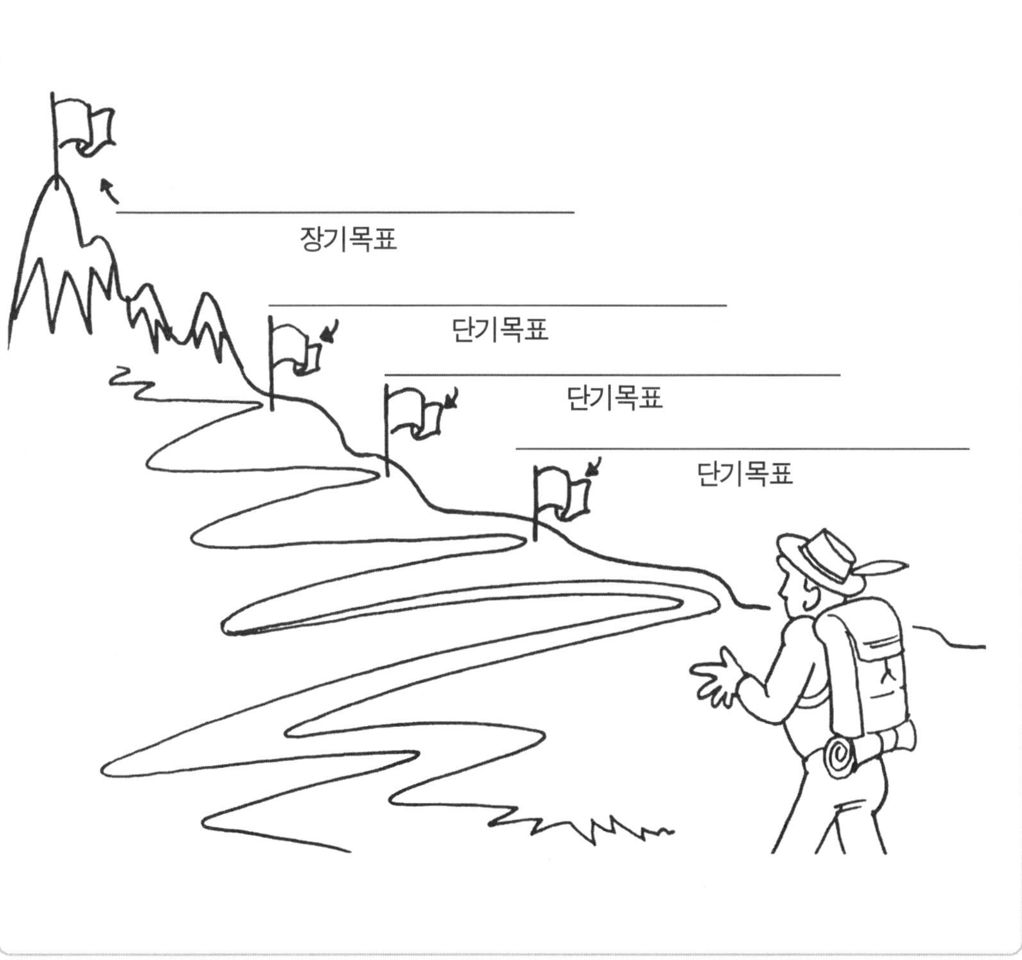

4회기

단기목표

단기목표는

❖ 장기목표와 관계가 있다.

❖ 관찰 가능하다.

❖ 측정 가능하다.

❖ 1년 안에 성취 가능하다(한 학기나 수업).

4회기

그림 9

4회기

그림 10

4회기

그림 11

4회기

그림 12

5회기

단기목표 선택

[학습순서]

❖ 단기목표 선택하기

❖ 단기목표를 위한 단계 개발하기

❖ 과제

❖ 다음 회기 살펴보기

5회기

단기목표를 위한 단계 세우기 1

5회기

단기목표를 위한 단계 세우기 2

5회기

단기목표를 위한 단계 세우기 3

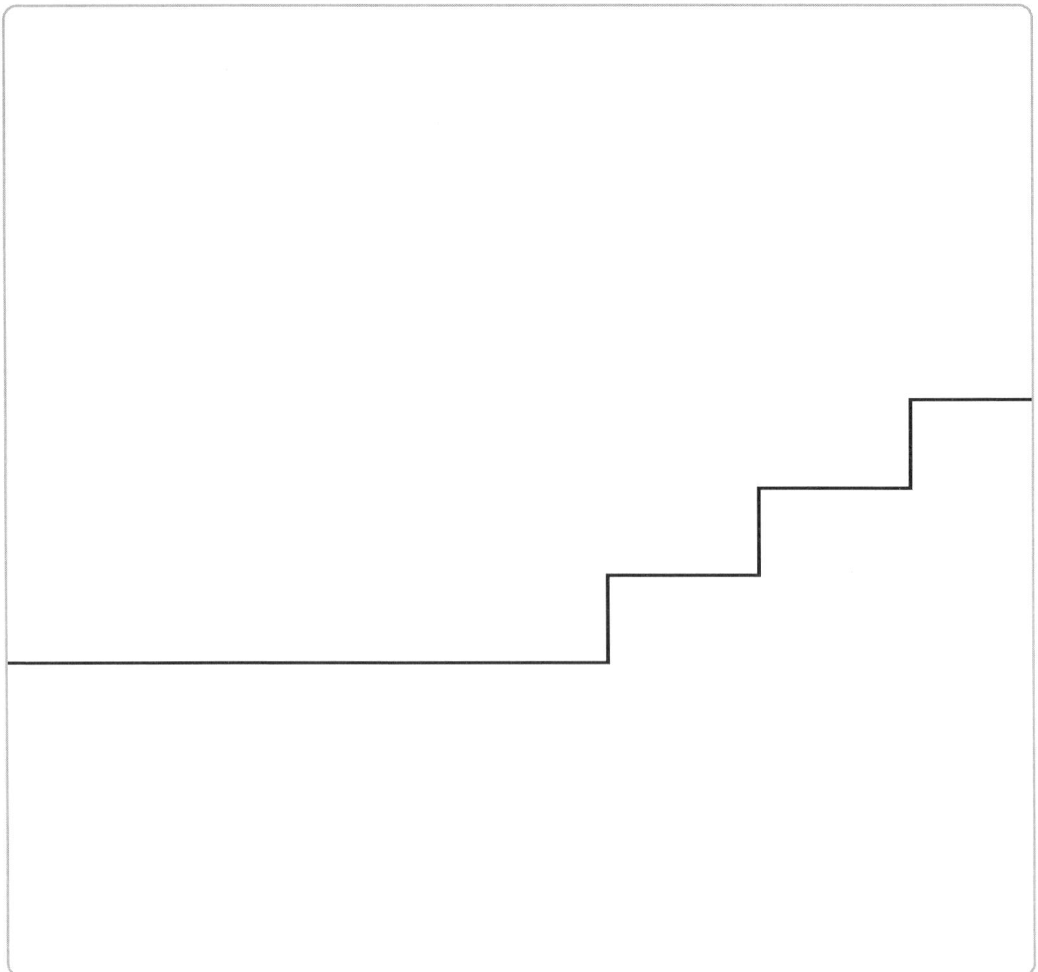

5회기

단기목표를 위한 단계 세우기 4

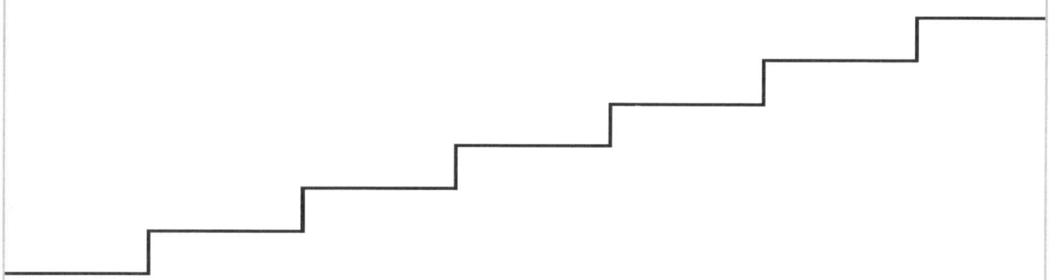

단계

5회기

단기목표를 위한 단계 세우기 5

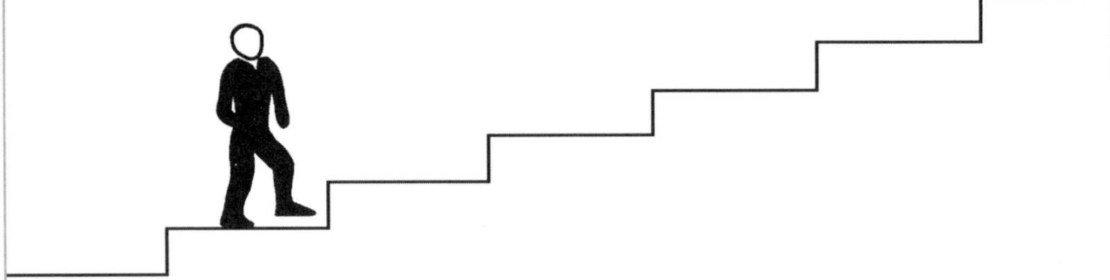

단계

6회기

단기목표 달성을 위한 단계 계획

[학습순서]

❖ 활동: 단기목표 달성을 위한 단계
(Part 1, 단계 계획하기)

❖ 과제

❖ 다음 회기 살펴보기

7회기

단계 활동 계획

[학습순서]

❖ 활동: 단기목표 달성을 위한 단계
(Part 2, 단계별 활동 계획하기)

❖ 과제

❖ 다음 회기 살펴보기

7회기

그림 13

7회기

그림 14

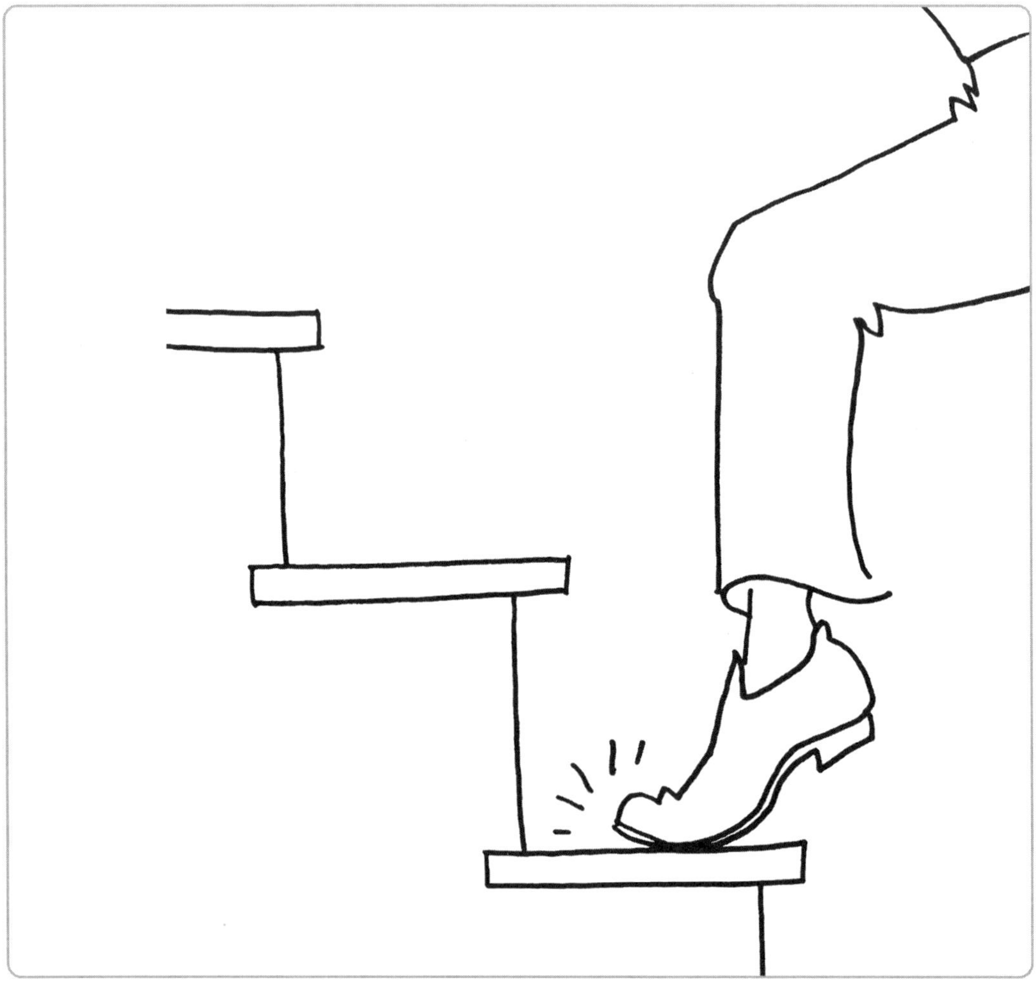

8회기

첫 단계 시작하기

[학습순서]

❖ 자기결정성 모델

❖ 활동을 취하기 위한 준비하기

❖ 활동: 타이론(Tyrone)의 딜레마

❖ 활동: 결과 예측하기

❖ 과제

❖ 다음 회기 살펴보기

8회기

자기결정성 모델

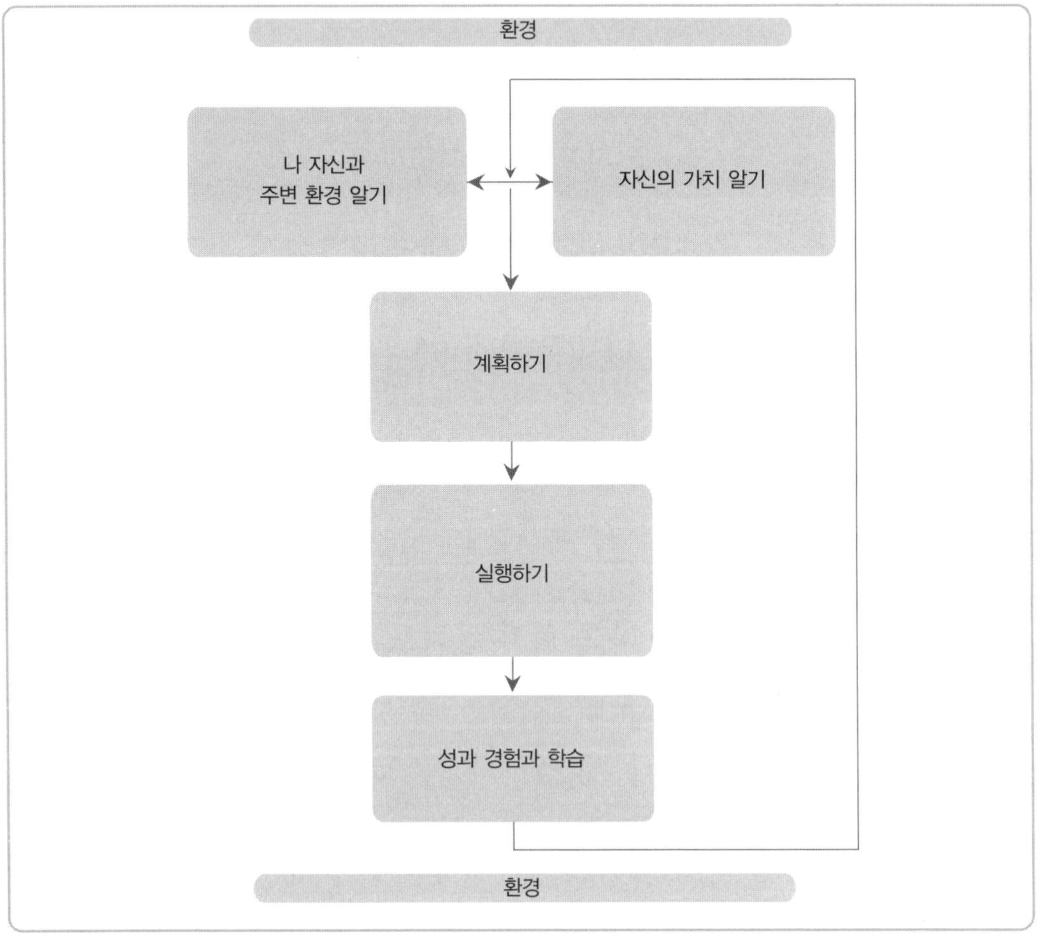

출처: 자기결정성 모델의 전개(S. Field and A. Hoffman, 1994, *Career Development for Exceptional Individuals, 17*(2), p. 165. Copyright 1994 the Council for Exceptional Children Division on Career Development.)에서 발췌.

8회기

행동하기 위해 스스로를 준비시키기

1. 행동의 결과를 예상하라.

2. 예행연습을 하라.

9회기

창의적으로 장애물 극복하기

[학습순서]

❖ 창의적으로 생각하기

❖ 활동: 창의적으로 생각하기 1

❖ 활동: 창의적으로 생각하기 2

❖ 수행하기

❖ 활동: 결과 예측하기

❖ 과제

❖ 다음 회기 살펴보기

9회기

그림 15

9회기

그림 16

9회기

그림 17

9회기

창의적으로 생각하기 위한 해결책 1

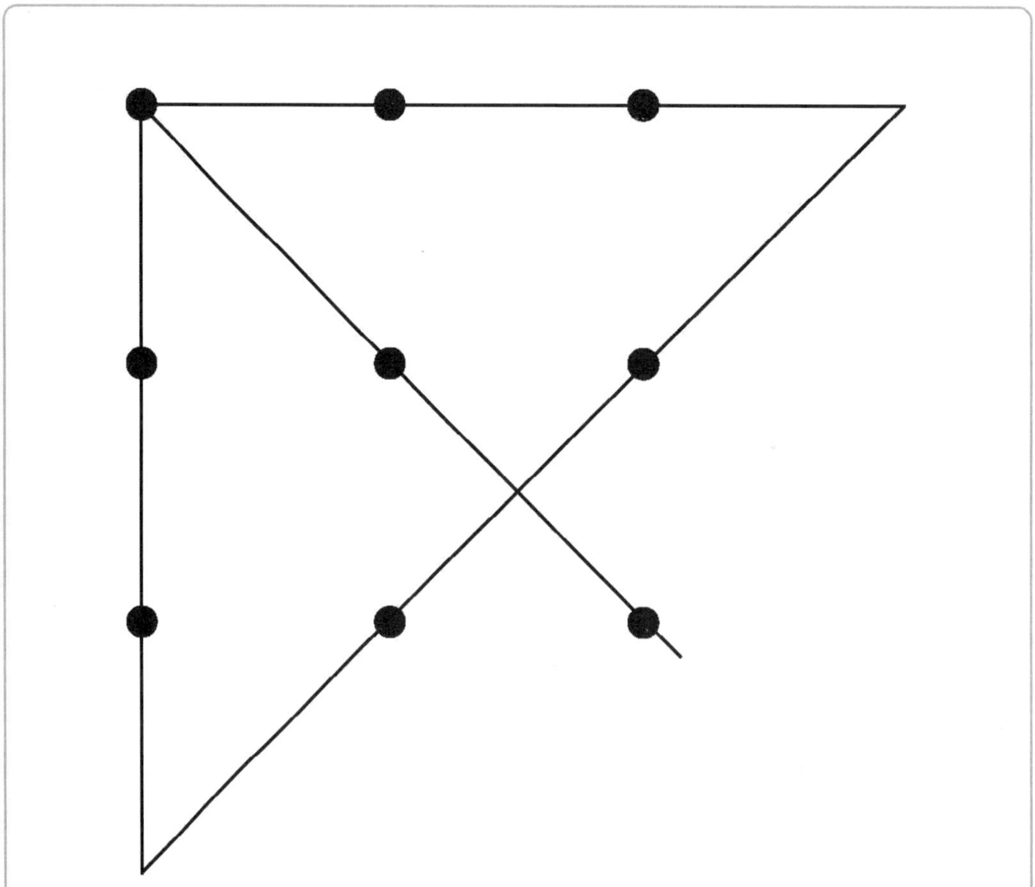

9회기

그림 18

9회기

그림 19

10회기

친구에게 얻는 작은 도움

[학습순서]

❖ 시너지 요소: 집단 창의적 문제 해결

❖ 활동: 페이퍼클립으로 무엇을 할 수 있을까?

❖ 수행하기

❖ 활동: 결과 예측하기

❖ 과제

❖ 다음 회기 살펴보기

10회기

창의적으로 생각하기 3

Q. 맨홀 뚜껑은 왜 둥글게 생겼을까요?

10회기

그림 20

10회기

그림 21

11회기

자기결정으로의 여정

[학습순서]

❖ 자기결정성 모델 다시 보기

❖ 참여자 자기소개

❖ 강사 소개

❖ 실행하기

❖ 활동: 결과 예측하기

❖ 과제

❖ 다음 회기 살펴보기

11회기

자기결정성 모델

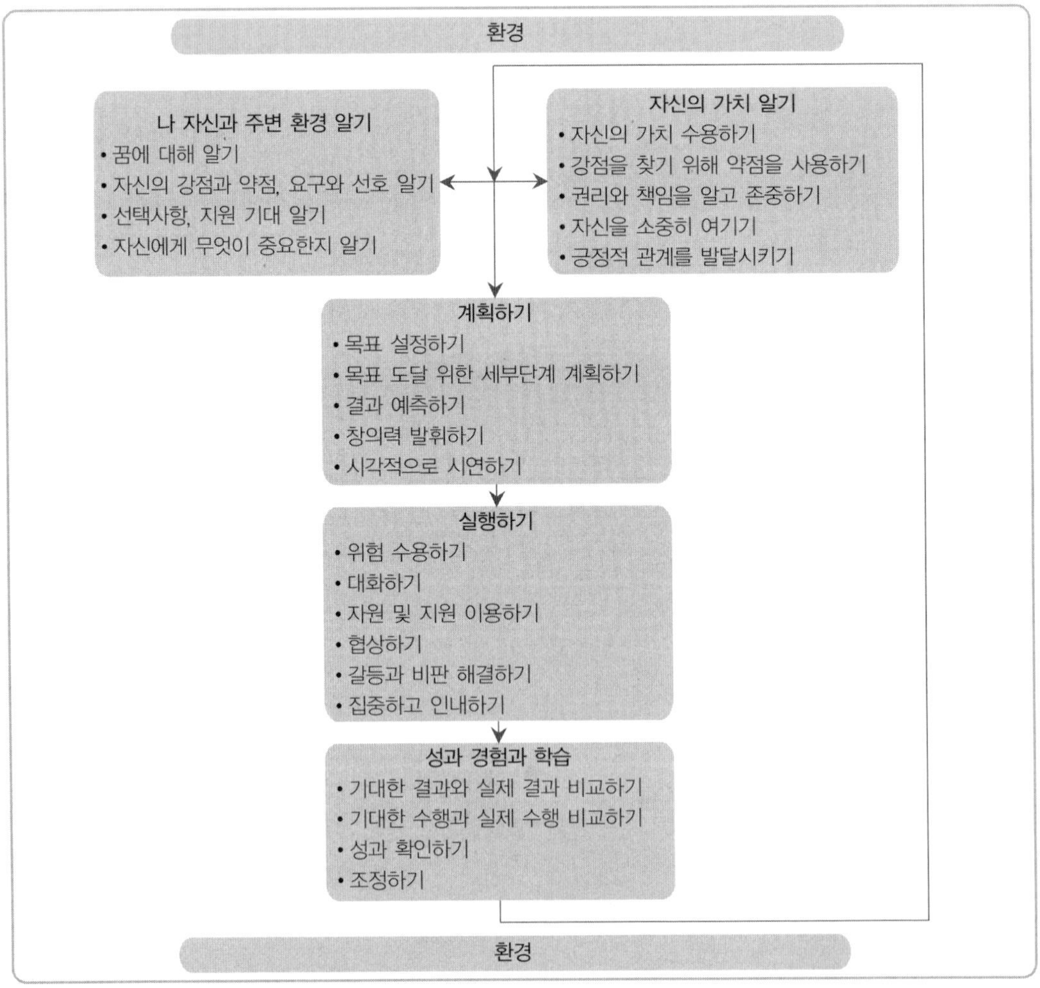

출처: "Development of a Model for Self-Determination," (S. Field and A. Hoffman. 1994. *Career Development for Exceptional*

12회기

자기주장적 의사소통 1

[학습순서]

❖ 자기주장적 의사소통

❖ 활동: 나-전달법

❖ 실행하기

❖ 활동: 결과 예측하기

❖ 과제

❖ 다음 회기 살펴보기

12회기

수동적, 공격적 그리고 자기주장적 의사소통

❖ '수동적 의사소통'은 자신의 요구나, 감정, 신념 등을 표현하지 않는 것을 의미한다. 이것은 다른 사람에게 혼동을 주고 관계를 어렵게 만든다.

❖ '공격적 의사소통'은 다른 사람의 존중받을 권리를 부정하거나, 다른 사람의 감정, 신념, 의견 등을 막으면서 자신이 원하는 것을 말하는 것을 의미한다. 이것은 강압적으로 다른 사람의 의견을 자신과 일치하도록 만드는 것이며, 관계를 어렵게 만든다.

❖ '자기주장적 의사소통'은 다른 사람이 존중받을 권리를 인정하면서, 또는 다른 사람의 감정, 신념, 의견, 경험 등을 고려하면서 자신의 요구나, 감정, 신념, 경험 등을 솔직하게 진술하는 것을 의미한다.

12회기

그림 22

12회기

그림 23

12회기

자기주장적 의사소통 단계

1. 상대방과 적절히 시선을 맞춘다.
2. 적절한 신체적 언어를 사용한다.
   - 상대방의 얼굴을 바라본다.
   - 고개를 든다.
   - 상대방과 적당한 간격을 유지하며 앉거나 선다.
3. 상대방에게 위협이 되지 않는 적절한 제스처를 사용한다.
4. 자신의 말에 따라 적절한 표정을 나타낸다.
5. 적절한 어조와 크기의 목소리를 사용한다.
6. 감정을 공유할 적당한 시간을 선택한다.
7. 나-전달법(I-Statement)을 이용한다. 자신의 견해와 상대방의 견해가 다를 수 있다는 것을 인식하면서 자신의 감정과 상대방에 대한 경험을 솔직하게 진술한다.

13회기

자기주장적 의사소통

[학습순서]

❖ 자기주장적 의사소통: 실제에 적용해 보기

❖ 실행하기

❖ 활동: 결과 예측하기

❖ 과제

❖ 다음 회기 살펴보기

13회기

수동적, 공격적, 그리고 자기주장적 의사소통

❖ '수동적 의사소통' 은 자신의 요구나, 감정, 신념 등을 표현하지 않는 것을 의미한다. 이것은 다른 사람에게 혼동을 주고 관계를 어렵게 만든다.

❖ '공격적 의사소통' 은 다른 사람의 존중받을 권리를 부정하거나, 다른 사람의 감정, 신념, 의견 등을 막으면서 자신이 원하는 것을 말하는 것을 의미한다. 이것은 강압적으로 다른 사람의 의견을 자신과 일치하도록 만드는 것이며, 관계를 어렵게 만든다.

❖ '자기주장적 의사소통' 은 다른 사람이 존중받을 권리를 인정하면서, 또는 다른 사람의 감정, 신념, 의견, 경험 등을 고려하면서 자신의 요구나, 감정, 신념, 경험 등을 솔직하게 진술하는 것을 의미한다.

13회기

자기주장적 의사소통의 단계

1. 상대방과 적절히 시선을 맞춘다.
2. 적절한 신체적 언어를 사용한다.
   - 상대방의 얼굴을 바라본다.
   - 고개를 든다.
   - 상대방과 적당한 간격을 유지하며 앉거나 선다.
3. 상대방에게 위협이 되지 않는 적절한 제스처를 사용한다.
4. 자신의 말에 따라 적절한 표정을 나타낸다.
5. 적절한 어조와 크기의 목소리를 사용한다.
6. 감정을 공유할 적당한 시간을 선택한다.
7. 나-전달법(I-Statement)을 이용한다. 자신의 견해와 상대방의 견해가 다를 수 있다는 것을 인식하면서 자신의 감정과 상대방에 대한 경험을 솔직하게 진술한다.

14회기

타협

[학습순서]

❖ 타협하기

❖ 실행하기

❖ 활동: 결과 예측하기

❖ 과제

❖ 다음 회기 살펴보기

14회기

그림 24

14회기

타협의 단계

1. 문제를 해결하고자 할 때, 그 절차는 타인과의 관계를 손상시키는 것이 아니라 강화시키는 것이어야 한다.
2. 갈등이나 문제 상황의 해결을 위해 필요로 하는 것(요구하는 것)을 진술해 보도록 한다. 이때 다른 사람의 관점과 요구를 이해하기 위해 적극적인 경청을 한다.
3. 자기주장적 의사소통과 나-전달법을 사용해 문제 해결을 위한 자신의 요구를 이야기한다.
4. 해결해야 할 각 사람의 요구 목록을 작성한다.
5. 두 사람 모두의 필요를 충족시키는 해결책에 대하여 각각은 서로 다른 방안을 고려할 수 있다. 이를 해결하기 위해서는 자신의 요구를 기억하는 동시에 타인의 요구를 이해하고 합치점을 찾도록 집중해야 한다. 두 사람은 해결방법이 자신들의 요구를 어떻게 충족시키는지 봐야 하는데, 그래야만 두 사람 모두 이기는 결과를 얻는다. 두 사람 모두가 이기기 위해서는 각각이 무언가를 포기해야만 할 수 있다는 것을 기억한다.

6. 두 사람이 문제 해결을 위한 각자의 생각을 말하고, 어떻게 윈-윈 할 수 있는지 확인한다.
7. 두 사람 모두의 요구를 충족시킬 수준의 해결책을 모색하고 선정하여 실행에 옮길 계획을 수립한다.

14회기

타협이 실패하는 이유

❖ 우리는 다른 사람의 필요를 알기도 전에 문제에 대한 나의 해결책을 이야기한다.

❖ 우리는 문제 해결 과정이 관계를 약화시키는 것이 아니라 강화하는 것임을 종종 잊고 있다.

❖ 대화가 설득적이기보다 공격적이다. 공격적인 대화는 타인의 경청을 방해한다.

❖ 타인의 요구를 생각하도록 돕지 않는다.

❖ 차분한 어조로 분명하게 우리의 필요를 말함으로써 그들을 이해시키려고 노력하지 않는다.

❖ 한 사람이 수동적이 되어 버린다.

❖ 상대방이 말하는 도중에 갑자기 끼어든다.

❖ 타인의 필요나 감정에 대해 이해하려 하지 않는다.

❖ 서로 다른 해결책에 관용적(윈-윈)이지 못하고 타인에게 하나의 해결책을 밀어붙여(윈-루즈) 타협하려 한다.

15회기

갈등 해결

[학습순서]

❖ 타협을 통한 갈등 해결하기

❖ 활동: 갈등 해결

❖ 활동 전개

❖ 활동: 결과 예측하기

❖ 과제

❖ 다음 회기 살펴보기

15회기

타협의 단계

1. 문제를 해결하고자 할 때, 그 절차는 타인과의 관계를 손상시키는 것이 아니라 강화시키는 것이어야 한다.
2. 갈등이나 문제 상황의 해결을 위해 필요로 하는 것(요구하는 것)을 진술해 보도록 한다. 이때 다른 사람의 관점과 요구를 이해하기 위해 적극적인 경청을 한다.
3. 자기주장적 의사소통과 나-전달법을 사용해 문제 해결을 위한 자신의 요구를 이야기한다.
4. 해결해야 할 각 사람의 요구 목록을 작성한다.
5. 두 사람 모두의 필요를 충족시키는 해결책에 대하여 각각은 서로 다른 방안을 고려할 수 있다. 이를 해결하기 위해서는 자신의 요구를 기억하는 동시에 타인의 요구를 이해하고 합치점을 찾도록 집중해야 한다. 두 사람은 해결방법이 자신들의 요구를 어떻게 충족시키는지 봐야 하는데, 그래야만 두 사람 모두 이기는 결과를 얻는다. 두 사람 모두가 이기기 위해서는 각각이 무언가를 포기해야만 할 수 있다는 것을 기억한다.

6. 두 사람이 문제 해결을 위한 각자의 생각을 말하고, 어떻게 윈-윈 할 수 있는지 확인한다.
7. 두 사람 모두의 요구를 충족시킬 정도로 동의할 만한 수준의 해결책을 모색하고 선정하여 실행에 옮길 계획을 수립한다.

15회기

타협이 실패하는 이유

❖ 우리는 다른 사람의 필요를 알기도 전에 문제에 대한 나의 해결책을 이야기한다.

❖ 우리는 문제 해결 과정이 관계를 약화시키는 것이 아니라 강화하는 것임을 종종 잊고 있다.

❖ 대화가 설득적이기보다 공격적이다. 공격적인 대화는 타인의 경청을 방해한다.

❖ 타인의 요구를 생각하도록 돕지 않는다.

❖ 차분한 어조로 분명하게 우리의 필요를 말함으로써 그들을 이해시키려고 노력하지 않는다.

❖ 한 사람이 수동적이 되어 버린다.

❖ 상대방이 말하는 도중에 갑자기 끼어든다.

❖ 타인의 필요나 감정에 대해 이해하려 하지 않는다.

❖ 서로 다른 해결책에 관용적(윈-윈)이지 못하고 타인에게 하나의 해결책을 밀어붙여(윈-루즈) 타협하려 한다.

16회기

이제 어디로 향할 것인가?

[학습순서]

❖ 성취한 것과 얻은 것을 서로 축하하기

❖ 앞으로 지속될 개별 학습 계획하기

❖ 장래를 계획하기

❖ 이수증 수여하기

16회기

자기결정성 모델

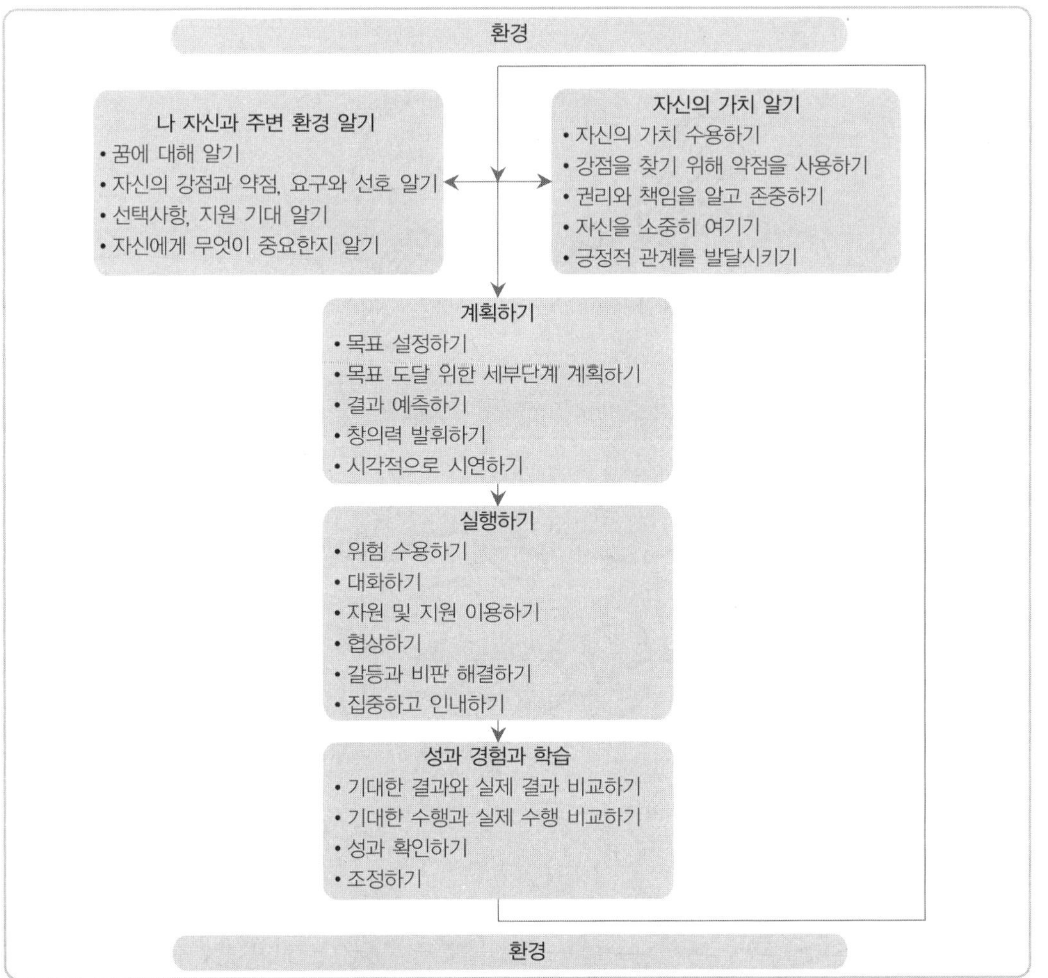

출처: 자기결정 모델의 전개(S. Field and A. Hoffman, 1994, *Career Development for Exceptional Individuals, 17*(2), p. 165. Copyright 1994 the Council for Exceptional Children Division on Career Development.)에서 발췌.

16회기

그림 25

16회기

학생반응평가지

과정에서 배운 것 가운데 가장 중요한 것은?

자기결정성 프로그램에 참여한 후 변화된 것은?

자기결정성을 지속하기 위해 무엇을 하고 싶은가?

16회기

멘토반응평가지

자기결정성 증진 프로그램에 참여한 후 학생이 변화된 점이 있다면 무엇입니까?

____

____

____

____

____

____

학생의 자기결정성을 지속하기 위하여 어떤 도움을 줄 수 있습니까?

____

____

____

____

____

____

16회기

그림 26

부록 B

자기결정성지식척도

Alan Hoffman, Sharon Field & Shlomo Sawilowsky

자기결정성지식척도(Self-Determination Knowledge Scale: SDKS) A유형과 B유형은 자기결정성 증진교육프로그램의 사전 · 사후 검사를 하기 위해 개발되었다. 이 척도는 교육과정에서 배운 자기결정에 대한 학생의 인지 지식을 사정하기 위해 구조화된 반응 문항으로 구성되었다. 5학년 정도의 읽기 수준이 요구된다. 자기결정지식척도(SDKS)의 Cronbach 내적 합치도는 .85다. 내용타당도는 검사 구성에 대한 설계와 여러 주와 전국의 장애인, 장애인 부모, 특수교육자, 성인 서비스 제공자, 연구자, 고용자로 구성된 리뷰 패널 전문가의 의견을 바탕으로 하였다.

A유형: 사전검사

이름 : ______________ 날짜 : ______________

지침: 각 질문을 읽고 정답에 동그라미를 치시오. 각 질문의 정답은 한 개입니다.

문항 1번에서 10번까지 진술문이 맞는지 틀린지 결정하시오.

1. 목표는 성취하고자 하는 것을 진술한 것입니다.

① 예

② 아니요

2. 브레인스토밍을 할 때는 제일 첫 번째로 마음속에 떠오른 내용만 적습니다.

① 예

② 아니요

3. 대개, 개인이 집단보다 문제에 대한 창의적인 해결책을 찾을 수 있습니다.

① 예

② 아니요

4. 당신은 당신의 진로 흥미에 대해 결정할 권리가 있고 적절한 훈련을 할 책임이 있습니다.

① 예

② 아니요

5. 책임은 자신이 당연히 해야 하는 것을 말합니다.

① 예

② 아니요

6. 자기이해를 잘 하는 것은 자신에게 무엇이 중요한지 결정하는 데 도움이 될 것입니다.

① 예

② 아니요

7. 결과가 좋지 않더라도 자신의 계획을 포기하지 않아야 합니다.

① 예

② 아니요

8. '비판'에 대처하는 좋은 방법은 누가 그 비판을 했는지 먼저 고려해 보고 행동하는 것입니다.

① 예

② 아니요

9. 한 번 시도해 보고 목표에 도달하지 못하면 그 목표를 변경해야 합니다.

① 예

② 아니요

10. 자신의 건강을 관리해야 하는 이유는 건강관리가 자신의 목표를 성취하는 데 도움이 되기 때문입니다.

① 예

② 아니요

11. 병수는 다음과 같은 흥미와 기술을 가지고 있습니다.

- 동물을 좋아한다.
- 다른 사람을 잘 돕는다.
- 과학을 좋아한다.

병수의 목표 중 제일 적절하지 않은 것은 무엇일까요?

① 병원 실험실에서 봉사하기

② 동물 병원에서 일하는 직업 갖기

③ 육상부에 지원하기

12. 자기결정적인 사람은 자기 자신을 귀중하게 생각하고, 풍부한 정보에 근거하여 자신이 원하는 것을 결정하며, 또한 어떤 행동을 하는 사람인가요?

① 항상 친한 친구가 하는 것을 한다.

② 목표를 성취하기 위하여 계획한다.

③ 너무 힘들면 포기한다.

13. 민수는 축구팀에 들어갈 별다른 이유 없이 선생님을 졸라서 팀에 합류했습니다. 민수는 자기결정적인 사람인가요?

① 예

② 아니요

14. 봉선이는 댄스를 좋아해서 대회에 참가했습니다. 범수는 1년 동안 우표를 수집했는데 그 이유에 대해서는 자신도 잘 모릅니다. 누가 더 자기결정적이라고 할 수 있나요?

① 봉선

② 범수

15. 다음 중 자기결정적이 되기 위해 가장 중요한 것은 무엇입니까?

① 정치적인 일

② 유행을 따르기

③ 정서적 행복

16. 맞춤법을 잘 모르는 미아는 국어사전을 잘 사용하게 되었습니다. 이런 사례에 해당하는 것은?

① 포기

② 약점을 보완하기 위한 강점 개발

③ 학생으로서의 자신의 책임 수용을 포기

17. 다음 중 자기주장적 경청 기술의 핵심이 되는 것은 무엇입니까?

① 경청하는 동안 다음에 자신이 무슨 말을 할지 계획하기

② 자신과 의견 차이가 있을 때 중간에 끼어들어서 자신이 경청하고 있다는 것을 증명하기

③ 말하는 사람에게 자신이 경청하고 있음을 말하기

18. 자기주장적 경청의 구성요소는 다음 중 어느 것입니까?

① 판단을 보류하고 자신이 들은 것에 대한 피드백 하기

② 찬성하지 않을 때 끼어들기

③ 미소를 짓고 계속 고개를 끄덕이기

19. 말하는 사람의 말을 주의해서 듣고 자신의 생각을 말하는 것이 자기주장적 경청이라고 할 수 있습니까?

① 예

② 아니요

20. 수업시간에 친구들 앞에서 말을 하기 전에 경수는 분명하고 효과적으로 말하는 것을 상상해 봅니다. 말을 잘하기 위하여 이러한 방법이 적절합니까?

① 예

② 아니요

21번, 22번 문항은 희수와 관련된 정보입니다.

희수는 과학소설가가 되는 것이 꿈이며, 친구가 많습니다. 그녀는 자신에 대해 다음과 같이 생각합니다.

- 건강함
- 끈기가 있음
- 글솜씨가 좋음
- 호감형임
- 실행하는 데 시간이 많이 걸림
- 수학을 잘 못함
- 때때로 고집이 셈

희수의 목표는 대학에 진학해서 신문방송학을 전공하려고 합니다.

21. 희수가 자신의 약점 안에서 발견한 자신의 강점을 가장 잘 설명한 것은 어느 것입니까?

① 희수는 고집이 센 자신의 성격을 좋아하지 않지만, 이러한 성격이 자신이 원하는 것을 이루는 데 도움이 된다.

② 희수는 수학을 잘 못하지만 아주 건강하다.

③ 희수는 호감형이지만 학습부진이다.

22. 다음 중 희수의 단기목표로 가장 적절한 것은 어느 것인가요?

① 이번 학기에 영어 성적 향상시키기

② 우표 수집을 완료하기

③ 미술 박람회에서 입상하기

---

23. '윈-윈' 방법으로 문제 해결을 하는 주요 단계는 다음 중 어느 것인가요?

① 상대방이 그 문제에 대해서 어떻게 생각하고, 해결할지 물어보기

② 상대방이 그 문제에 대해서 어떻게 생각하는지 물어보고 자신이 더 좋은 해결책이 있다고 납득시키기

③ 상대방이 그 문제에 대해서 어떻게 생각하는지 물어보고 강력하게 자신의 해결책을 고집하기

24. '윈-윈' 방법으로 상대방과 타협했을 때 가장 큰 장점은 다음 중 어느 것인가요?

① 자신이 원하는 것을 항상 얻을 수 있다.

② 다른 사람과 좋은 관계를 형성하면서 또한 자신의 목표를 성취할 수 있다.

③ 자신이 원하는 것을 얻을 수는 없지만 적어도 친구는 사귈 수 있다.

25. 아래의 8개 항목을 잘 생각해 보세요.

1) 자신 알기
2) 리더를 따르기
3) 자신에게 가치를 부여하기
4) 계획하기
5) 약점을 감추기
6) 자신의 행동을 통해 배우기
7) 계획에 따라 행동하기
8) 충돌을 피하기

자기결정성에 대해 잘 설명하는 항목을 5개 고르시오.

① 1, 2, 5, 6, 8

② 1, 3, 4, 6, 7

③ 2, 4, 6, 7, 8

④ 3, 4, 5, 6, 7

26, 27, 28, 29번 문항은 동수와 민기에 관한 이야기입니다.

동수와 민기는 모두 영어 시험에서 '80점'을 받았습니다. 동수는 "정말 잘 했어. 친구에게 자랑해야지."라고 말했습니다. 민기는 "목표에 도달하지 못했어. 나의 학습 계획은 많은 도움이 되었지만 난 개인교사가 필요해."라고 말했습니다.

26. 누가 자신의 결과를 자신의 기대치와 비교했습니까?

① 동수

② 민기

27. 누가 자신이 수행한 것을 평가했습니까?

① 동수

② 민기

28. 누가 자신의 성취에 대해 기뻐했습니까?

① 동수

② 민기

29. 누가 자신이 배운 것을 적용하려고 하였습니까?

① 동수

② 민기

---

30. 경미는 자신의 이상적 모습(ideal self)을 날씬하고, 운동신경이 발달한 사람이라고 생각하고 있습니다. 그녀는 13kg 정도 과체중이며 체형이 좋지 못합니다. 다음 중 경미가 보다 더 자기결정적이 되기 위해서 자신의 이상적 모습을 활용하는 방법은 어느 것인가요?

① 이상적 모습에 관한 자신의 생각을 변경한다.

② 그녀에게 중요한 것이 무엇인지를 이해하기 위해 이상적 모습을 활용한다.

③ 그녀가 생각하는 이상적 모습이 수용할 만한지 다른 사람에게 물어본다.

31. 인수의 단기목표는 월말까지 몸무게를 2kg 줄이는 것입니다. 다음 중 인수가 단기목표를 성취하는 데 도움이 되는 것은 어느 것인가요?

① 매일 아침 30분 정도 조깅을 한다.

② 다가오는 여름에 헬스클럽에 다닐 계획을 세운다.

③ 다음 학기에 영양학 수업을 수강할 계획을 세운다.

32. 민규는 좋은 중고차를 구입하고 싶지만 차에 대해서 잘 모릅니다. 다음 중 민규가 자신의 목표를 달성하는 데 가장 도움이 되는 것은 무엇인가요?

① 차에 대해서 생각한다.

② 차를 점검해 줄 정비공을 섭외한다.

③ 가격을 보고 적절한 차를 산다.

33. 행동결과를 예측해 보는 것은 왜 중요한가요?

① 행동결과를 예측하는 것은 행동을 계속할지 중단할지를 결정하는 데 도움을 주기 때문이다.

② 행동결과를 예측하는 것은 자신의 강점과 약점을 아는 데 도움이 되기 때문이다.

③ 행동결과를 예측하는 것은 자기주장적으로 의사소통을 하는 데 도움이 되기 때문이다.

34. 자신의 목표 성취를 위해 노력하다가 장벽에 부딪쳤을 때 취해야 할 가장 적절한 행동은 어느 것인가요?

① 자신의 목표를 포기하는 것이다.

② 장벽을 극복하기 위한 창의적인 방법을 모색하는 것이다.

③ 계속 실행하는 것이다.

35, 36, 37번 문항은 도현이에 관한 이야기입니다.
도현이는 수학 성적에 불만을 가졌습니다. 상담선생님, 수학선생님과 점수에 대해 이야기를 하는 도중에 도현이는 큰 소리로 "선생님은 저를 좋아하지 않아요. 선생님은 저를 좋아하신 적이 한 번도 없어요."라고 수학선생님께 말했습니다. 상담선생님은 침묵을 지켰습니다. 수학선생님은 조용히 "너는 수학 시험에서 54점을 받았어."라고 말했습니다.

35. 소극적 의사소통(passive communication)을 하고 있는 사람은 누구입니까?

① 도현
② 상담교사
③ 수학교사

36. 자기주장적 의사소통(assertive communication)을 하고 있는 사람은 누구입니까?

① 도현
② 상담교사
③ 수학교사

37. 공격적 의사소통(aggressive communication)을 하고 있는 사람은 누구입니까?

① 도현
② 상담교사
③ 수학교사

B유형: 사후검사

이름 : ____________________ 날짜 : __________________

지침: 각 질문을 읽고 정답에 동그라미를 치시오. 각 질문의 정답은 한 개입니다.

문항 1번에서 9번까지 진술문이 맞는지 틀린지를 결정하시오.

1. 브레인스토밍의 목적은 오직 좋은 아이디어만 기록하는 것입니다.

① 예

② 아니요

2. 대개 개인보다는 집단이 문제에 대한 더 많은 해결책을 생성할 수 있습니다.

① 예

② 아니요

3. '윈-윈' 해법은 두 사람 모두 그 해결책이 유익하다고 느낄 때 생길 수 있습니다.

① 예

② 아니요

4. 당신은 고등학교에 다닐 권리가 있고 최선을 다해야 할 의무가 있습니다.

① 예

② 아니요

5. 꿈은 자신에게 중요한 것이 무엇인지 결정하는 데 사용될 수 있습니다.

① 예

② 아니요

6. 좋지 않은 결과가 예측되면 계획을 변경하는 것이 어떨지 생각해 보아야 합니다.

① 예

② 아니요

7. 비판에 잘 대처하기 위한 좋은 방법 중의 하나는 '유머'로 반응하는 것입니다.

① 예

② 아니요

8. 자신이 원하는 것을 얻기 위해 한 번 이상으로 시도하는 것이 좋습니다.

① 예

② 아니요

9. 좋은 성적을 얻고 싶으면 습관적으로 밤을 새야 합니다.

① 예

② 아니요

10. 병수는 다음과 같은 흥미 또는 기술을 가지고 있습니다.

- 동물을 좋아한다.
- 다른 사람을 잘 돕는다.
- 과학을 좋아한다.

다음 중 병수의 목표로 가장 적절하지 않은 것은 어느 것일까요?

① 동물들과 눈높이를 맞추어 보기

② 동물 병원에서 일하는 직업 갖기

③ 육상팀에 합류하기

11. 다음 중 목표에 해당하는 것은 어느 것인가요?

① 복권에 당첨된다.

② 사람들과 일하는 것을 좋아한다.

③ 고등학교를 졸업한다.

12. 다음 중 적극적인 경청의 구성요소는 어느 것인가요?

① 주의해서 듣고 자신의 관점과 차이가 있을 때는 논쟁한다.

② 주의해서 듣고 계속해서 고개를 끄덕인다.

③ 주의해서 듣고 판단을 하지 않는다.

13. 지원이는 물을 싫어하지만 친한 친구가 수영부 소속이므로 자신도 수영부에 합류하기로 했습니다. 지원이가 '자기결정적' 이라고 할 수 있나요?

① 예

② 아니요

14. 민지는 친구가 대학에 진학하는 것은 시간 낭비라고 생각하기 때문에 자신도 대학에 진학하기를 원하지 않습니다. 서영이는 오디오를 사기 위해 아기 돌보는 일을 하고 있습니다. 누가 더 자기결정적이라고 할 수 있나요?

① 민지

② 서영

15. 아래의 8항목을 잘 생각해 보세요.

1) 자신에게 가치를 부여하기
2) 자신의 행동을 통해 배우기
3) 공격적이 되기
4) 항상 리더가 되기
5) 계획대로 행동하기
6) 자신에 대해 알기
7) 논쟁적이 되기
8) 계획하기

자기결정성에 대해 잘 설명하는 항목 5개는 어느 것인가요?

① 1, 3, 4, 6, 8

② 2, 3, 4, 5, 6

③ 1, 2, 5, 6, 8

④ 2, 4, 5, 6, 7

16. 자신의 목표를 성취하기 위해 노력하다가 장벽에 부딪쳤을 때 취해야 할 최선의 행동은 다음 중 어느 것인가요?

① 목표를 변경하는 것

② 한 달 정도 기다리다가 다시 시도하는 것

③ 다른 해결책을 고려해 보는 것

17. 수학을 잘 못하는 성현이는 전자계산기를 능숙하게 사용하게 되었습니다. 이런 사례에 해당하는 것은 무엇인가요?

① 약점을 보완하기 위한 강점 개발

② 학생으로서의 자신의 책임 수용을 포기

③ 포기

18번, 19번, 20번은 지혜에 관한 이야기입니다.

지혜의 꿈은 과학소설가가 되는 것이고, 지혜는 친구가 매우 많습니다. 그녀는 자신에 대해 다음과 같이 인식하고 있습니다.

- 글솜씨가 좋다.
- 수학을 잘 못한다.
- 다른 사람의 기분을 잘 살핀다.
- 쉽게 화를 낸다.
- 옳고 그름이 분명한 성격이다.
- 소심하다.

지혜의 목표는 전문대학을 졸업하고 4년제 대학 신문학과에 입학하는 것입니다.

18. 지혜가 인식하고 있는 자신의 약점 내에서 발견한 자신의 강점은 다음 중 어느 것인가요?

① 지혜는 쉽게 화를 내는 성격이지만 글솜씨가 좋다.

② 지혜는 소심한 편이지만 그런 성격 덕분에 그녀는 다른 사람의 기분을 잘 살핀다.

③ 지혜는 수학을 잘 못하지만 옳고 그름이 분명한 성격이다.

19. 다음 중 지혜의 단기목표로 가장 적절하지 않은 것은 어느 것인가요?

① 학비 지원을 신청한다.

② 학교 신문사에서 일한다.

③ 자전거 수리하는 방법을 배운다.

20. 지혜가 심심하지 않기 위해 여름에 편의점에서 아르바이트를 하겠다는 것은 지혜를 위한 적절한 단기목표인가요?

① 예

② 아니요

21. 다음 중 자기주장적 경청 기술의 핵심이 되는 것은 무엇인가요?

① 화자의 말을 정확하게 이해하고 있는지 화자로부터 피드백을 받는다.

② 말하는 사람의 문법을 교정한다.

③ 화자가 말하는 것에 동의한다.

22. 자기결정적인 사람은 자신이 원하는 것에 관하여 풍부한 정보를 바탕으로 결정을 하고, 스스로에게 가치를 부여합니다. 이외에 어떤 행동을 하는 사람일까요?

① 계획에 따라 행동한다.

② 어떤 위험도 감수하지 않는다.

③ 항상 다른 사람이 자기에게 기대하는 대로 행동한다.

23. 다음 중에서 문제에 대해 '윈-윈' 해결책으로 협상하는 주요 단계는 어느 것입니까?

① 먼저 자신의 관점을 고집한다.

② 양측 모두 문제에 대한 해결책을 진술하고, 양측 모두의 요구를 충족시킬 수 있는 한 가지를 함께 선택한다.

③ 먼저 그 문제에 대한 다른 사람의 생각을 물어보고, 문제에 대한 자신의 생각을 말한 다음, 자신의 해결책을 고집한다.

24. 자신의 이상적 자기(ideal self)가 중요한 이유는 무엇인가요?

① 자신이 누구인지를 말해 주기 때문이다.

② 자신의 결점을 발견할 수 있게 해 주기 때문이다.

③ 자신을 다른 사람과 비교할 수 있게 해 주기 때문이다.

25. 권리는 무엇인가요?

① 법에 의해 보장되는 것이다.

② 친구가 자신에게 기대하는 어떤 것이다.

③ 자신이 몹시 원하는 것이다.

26. 수학 성적을 80점 이상으로 향상시키는 목표를 달성하기 위해 가장 도움이 되지 않는 것은 다음 중 어느 것인가요?

① 수학을 잘 하는 학급 친구와 공부할 계획을 세운다.

② 매일 30분 정도 운동장에서 조깅을 한다.

③ 수학 성적을 향상시키기 위한 자신의 계획을 선생님께 말씀드린다.

27. 다이빙을 하기 전에 지현이는 다이빙을 완벽하게 하는 모습을 상상해 봅니다. 이것은 지현이가 훌륭한 다이빙 선수가 되기 위해 적절한 행동입니까?

① 예

② 아니요

28. 혜리는 아르바이트를 하고 싶지만 자신이 아르바이트를 해야 하는지 결정하기가 어렵습니다. 다음 중 그녀가 좋은 결정을 하는 데 가장 도움이 되는 것은 어느 것인가요?

① 아르바이트에 관해 좀 더 생각해 본다.

② 아르바이트에 관해 상담선생님이나 담임선생님과 의논한다.

③ 그녀에게 제일 먼저 제공된 일을 한다.

29. 실행을 하기 전에 중요한 것은 무엇입니까?

① 그것에 관해 친구에게 이야기하는 것

② 조심스럽게 듣고 고개를 끄덕이는 것

③ 결과를 예측해 보는 것

30. 자기결정적인 사람이 되기 위해 정신적, 심리적, 사회적, 정서적, 신념 등의 부분에서 자신이 가장 잘 알아야 하는 것은 무엇입니까?

① 자신의 강점과 약점

② 친구의 강점과 약점

③ 상대방의 강점과 약점

31, 32, 33번은 지우에 관한 이야기입니다.

지우와 그녀의 친구는 축제 장소에 가는 도중에 속도위반 스티커를 받게 되었습니다. 지우의 친구는 화를 내며 경찰관에게 "불공평하게 왜 우리만 붙잡습니까?"라고 소리쳤습니다. 지우는 침묵했습니다. 경찰관은 "당신은 20km 과속입니다. 속도위반 스티커를 받으세요."라고 말했습니다.

31. 소극적 의사소통기술을 사용하는 사람은 누구인가요?

① 지우
② 지우의 친구
③ 경찰관

32. 자기주장적 의사소통기술을 사용하는 사람은 누구인가요?

① 지우
② 지우의 친구
③ 경찰관

33. 공격적 의사소통기술을 사용하는 사람은 누구인가요?

① 지우
② 지우의 친구
③ 경찰관

34, 35, 36, 37번 문항은 민정이와 혜미에 관한 이야기입니다.

비록 민정이는 일할 계획을 세우지 않았지만 이웃 사람이 사무실 일자리를 제공해 주었습니다. 그녀는 그 일을 하게 되어서 매우 기분이 좋았습니다. 그녀는 그 일에 관해서 친구에게 자랑하고 싶어 합니다.

혜미의 목표는 애완동물 가게에서 일하는 것입니다. 혜미는 애완동물 가게에 지원을 했고 인터뷰를 잘 했습니다. 혜미는 합격했지만 일을 하지 않기로 하였습니다. 그녀는 애완동물가게의 냄새가 싫었습니다. 그래서 다른 일자리에 다시 지원했습니다.

34. 누가 자신의 결과를 자신의 기대치와 비교했습니까?

① 민정

② 혜미

35. 누가 자신이 수행한 것을 평가했습니까?

① 민정

② 혜미

36. 누가 자신의 성취에 대해 기뻐했습니까?

① 민정

② 혜미

37. 누가 자신이 배운 것을 적용하려고 하였습니까?

① 민정

② 혜미

답안

A유형: 사전검사

1. ① 2. ② 3. ② 4. ① 5. ① 6. ①
7. ② 8. ① 9. ② 10. ① 11. ③ 12. ②
13. ② 14. ① 15. ③ 16. ② 17. ③ 18. ①
19. ① 20. ① 21. ① 22. ① 23. ① 24. ②
25. ② 26. ② 27. ② 28. ① 29. ② 30. ②
31. ① 32. ② 33. ① 34. ② 35. ② 36. ③
37. ①

B유형: 사후검사

1. ② 2. ① 3. ① 4. ① 5. ① 6. ①
7. ① 8. ① 9. ② 10. ③ 11. ③ 12. ③
13. ② 14. ② 15. ③ 16. ③ 17. ① 18. ②
19. ③ 20. ② 21. ① 22. ① 23. ② 24. ①
25. ① 26. ② 27. ① 28. ② 29. ③ 30. ①
31. ① 32. ③ 33. ② 34. ② 35. ② 36. ①
37. ②

참고문헌

Benz, M., Lindstrom, L., & Yovanoff, P. (2000). Improving graduation and employment outcomes of students with disabilities: Predictive factors and student perspectives. *Exceptional Children, 66*, 509–529.

Bowers, J., & Hatch, T. (2002). *ASCA national model for school counseling programs.* Alexandria, VA: American School Counselor Association.

Boyer, L. (1997). *An examination of the effects of the Steps to Self-Determination curriculum on locus of control in youths with learning and behavioral disabilities.* University, Detroit, MI.

Bruno, D. G. (2000). *The effects of a self-determination intervention on youth explanatory style and depressive features.* Unpublished doctoral dissertation, Wayne State University, Detroit, MI.

Bush, J. (1994). *The fish who could wish.* La Jolla, CA: Kane/Miller.

Cohen, J. (1988). *Statistical power analysis for the behavioral sciences* (2nd ed.). Hillsdale, NJ: Erlbaum.

Curtis, J. L. (2000). *Where do balloons go?* New York: Joanna Cotler.

Field, S., & Hoffman, A. (1994). Development of a model for self-determination. *Career Development for Exceptional Individuals, 17*(2), 159–169.

Field, S., & Hoffman, A. (2000). *Steps to self-determination idea book.* Detroit, MI: Wayne State University.

Field, S., Hoffman, A., St. Peter, S., & Sawilowsky, S. (1991). *Skills and knowledge for self-determination: Interim research report.* Detroit, MI: Wayne State University.

Fonda, H. (Producer), & Lumet, S. (Director). (1957). *12 angry men* [Motion picture]. United States: Orim-Nova Productions.

Gray, J. (Director). (2001). *Brian's song* [Television movie]. United States: Columbia TriStar Television.

Herek, S. (Director). (1992). *The mighty ducks* [Motion picture]. United States: Buena Vista Pictures.

Heron, T. E., & Harris, K. C. (2001). *The educational consultant: Helping professionals, parents, and students in inclusive classrooms.* Austin, TX: PRO-ED.

Hoffman, A., & Field, S. (1995). Promoting self-determination through effective curriculum development. *Intervention in School and Clinic*, 30, 134−141.

Hoffman, A., Field, S., & Sawilowsky, S. (1995). *Self-Determination Knowledge Scale: Forms A & B.* Austin, TX: PRO-ED.

Hoffman, A., Field, S., & Sawilowsky, S. (2004). *Self-Determination Assessment Battery* (2nd ed.). Detroit, MI: Wayne State University.

James, S. (Director). (1994). *Hoop dreams* [Motion picture]. United States: Fine Line.

Johnson, D., Johnson, R., Holubec, E., & Roy, P. (1984). *Circles of learning.* Alexandria, VA: Association for Supervision and Curriculum Development.

Johnston, J. (Director). (1999). *October sky* [Motion picture]. United States: Universal Pictures.

Kovacs, M. (1992). *The Children's Depression Inventory.* North Tonawanda, NY 14120−0950.

Levinson, B. (Director). (1988). *Rain man* [Motion picture]. United States: United Artists.

Nunnally, J. C. (1978). *Psychometric theory* (2nd ed.). New York: McGraw-Hill.

Oz, F. (Director). (1991). *What about Bob?* [Motion picture]. United States: Touchstone Pictures.

Reiner, R. (Director). (1986). Stand by me [Motion picture]. United States: Columbia Picture.

Take charge: Creating a self-determined future (no date). Portland, OR: Oregon Health Sciences University, UAP, Center for Self-Determination.

Wehmeyer, M. L. (1992). Self-determination and the education of students with mental retardation. *Education and Training in Mental Retardation*, 27, 302−314.

Wehmeyer, M. L., & Palmer, S. B. (2003). Adult outcomes for students with cognitive disabilities three years after high school: The impact of self-determination. *Education and training in Mental Retardation and Developmental Disabilities, 38*, 131−144.

Wehmeyer, M. L., & Schwartz, M. (1997). Self-determination and positive adult outcomes: A follow-up study of youth with mental retardation or learning disabilities. *Exceptional Children, 63*, 245−255.

저자 소개

_ Alan Hoffman, EdD & Sharon Field, EdD

Wayne State University 사범대학 교수

역자 소개

_ 김동일

현재 서울대학교 사범대학 교육상담 전공 및 대학원 특수교육 전공 주임 교수로 재직하고 있다. 서울대학교 교육학과를 졸업하고 교육인적자원부 국비유학생으로 선발되어 미네소타대학교 교육심리학과에서 석사 · 박사 학위를 취득한 후 Developmental Studies Center Research Associate, 한국청소년상담원 상담교수, 경인교육대학교 교육학과 교수, 한국학습장애학회 회장을 역임하였다. 현재 한국아동청소년상담학회 회장, 한국교육심리학회 부회장, 서울경기인천상담학회 부회장으로 봉직하고 있으며, 2007, 2008, 2009 BK역량기반교육혁신연구사업단 연구 부문 공로업적상, 2009 독서교육대상, 2009 인터넷역기능연구부문 행정안전부 장관 표창, 2010 서울대학교 우수연구자 S등급을 수상하였다. 『학습부진영재아동』『특수아동상담』『학습장애아동의 이해와 교육』『BASA: 기초학습기능 수행평가체제』를 비롯하여 30여 권의 (공)저서가 있으며, 150여 편의 학술논문과 20여 편의 상담사례 논문을 발표하였다.

자기결정성 증진 프로그램

Steps to Self-Determination-2nd ed.

2013년 1월 2일 1판 1쇄 인쇄
2013년 1월 5일 1판 1쇄 발행

지은이 • Alan Hoffman · Sharon Field
옮긴이 • 김동일
펴낸이 • 김진환
펴낸곳 • (주) 학지사
121-837 서울특별시 마포구 서교동 352-29 마인드월드빌딩 5층
대표전화 • 02)330-5114 팩스 • 02)324-2345
등록번호 • 제313-2006-000265호

홈페이지 • http://www.hakjisa.co.kr
커뮤니티 • http://cafe.naver.com/hakjisa

ISBN 978-89-6330-977-4 93370

정가 16,000원

역자와의 협약으로 인지는 생략합니다.
파본은 구입처에서 교환해 드립니다.